知識ゼロから
取引交渉のプロを目指す

英文契約書の基礎と実務

ENGLISH LANGUAGE CONTRACTS: BASICS AND PRACTICE
FOR BEGINNERS THROUGH PROFESSIONALS

牧野和夫

はじめに
――英文契約書は難しくない

あなたは英文契約書の“被害者”?

本書は、英文契約書の基礎と実務を学ぶための本です。まずは英文契約書に触れるのが初めてという方を含めて、基本的なお話をさせていただきたいと思います。

そもそもこの英文契約書というものは非常に難しいというイメージがあると思います。おそらく皆さんの勤める会社内でも、英文契約書は厄介者扱いされているのではないでしょうか。それを皆さんは仕事として担当されている、あるいはこれから担当されようとしているので、一種の“被害者”といえるのではないかと思います。

かくいう私も“被害者”の一人で、28年前に、大手日系自動車メーカーに入社し、志望していなかった法務部に配属され、最初に見せられた契約書というのが、この英文契約書でした。配属になってすぐの5月のある日、いきなり上司から「これを読んでみろ」と言われたのが、GENERAL TERMS AND CONDITIONS（一般取引条項）です。注文書などの裏に小さな字で印刷されている、いかにも読むなと言わんばかりの保険契約の約款のようなものですが、これを最初に渡されて、まず最初にやった仕事は拡大コピーをすることでした。28年前の当時、拡大コピーというのは会社の図面室に行かないとできなかったので、わざわざ足を運んだのをいまだに覚えています。

いざ読もうとしてみると、明らかに専門用語がたくさん使われていて、これまで勉強してきた英語と全く違うので面食らったというのが、私の英文契約書との最初の出会いでした。

パターンを習得すれば難しくない

この英文契約書というのは、確かに特殊な表現で書かれているのですが、使われている単語や表現の仕方というのはかなりパターン化されています。法律的に正確な表現をするために、一定の決まった表現が多くなるわけです。ですから、そのパターンをある程度マスターしていただければ、それほど難しくないというのが、英文契約書なのです。

さらにグッドニュースは、英文契約書は昔から用いられている表現をずっと使っているということです。おそらく基本的な部分というのは100年前の契約書の表現とそれほど変わっていない、基本的には同じだと思います。一方で、技術の勉強はすぐ古くなってしまいます。私はかつてコンピュータ会社にいましたが、技術の知識は常に更新されており、2、3年経つと古くなってしまう。新しいことについていけなくなるので勉強しなければならない、ということの繰り返しになります。

一生モノの知識になる

ところが、英文契約書に関しては、一度マスターしていただくと、そのスキルは間違いなく皆さんの定年までは使えます。定年後も英文契約書の仕事を続けていく方はおそらく多いと思いますが、そういう場合も使えます。ですから、英文契約書の分野は実は非常に投資効率のよい分野と言えるでしょう。いろいろな分野で、キャリアを積むということについて言われていますが、むしろトレンディな経営手法とかマーケティングという分野は、どんどんやり方が変わります。20年ほど前のバブルの時は日本式経営というのがもてはやされていて、世界中の人が注目していたのですが、今やその影もありません。今度はアメリカ式だと思っていたら、アメリカがつまずいてしまって、それでは何を基準にしたらいいのだということで、次から次へと、ころころ変わっていきます。しかし、英文契約だけは、基本的に同じボキャブラリーあるいは表現の方法がずっと長く使われているのです。

特に本書第６章で重点的に扱っている「一般条項」はどの種類の契約書にも必ず出てくる非常に便利な条項です。英文契約書にはいろいろな種類がありますが、すべての契約書の最後の方に必ず「一般条項」というのが出てきます。「準拠法」ですとか、「裁判管轄」ですとか、「不可抗力」といった法律的あるいは管理的な内容の条項ですが、これらはいったんマスターしておけば、いろいろな所で使えます。英文契約書の内容を審査する際に、そのうちの何割かは一般条項ですから、そこが分かっていれば、その部分については短時間で効率よく審査ができるということです。それ以外の中身は読まなければいけないのですが、と言っても「売買契約」や「代理店契約」などはもうほとんどお決まりのスタイルですので、いったんマスターしてしまえば、それほど大きな負担にはならないでしょう。

おそらく皆さんのほとんどは、英文契約書というものにそれほど長くお付き合いされておらず、難しいものだと認識されていると思うのですが、慣れてくると飽きてきます。つまり、同じことの繰り返しなのです。そのうちに細かいところに気が行くようになり、交渉をしていてもさまつなワーディングにこだわったりするようになります。そうなってくると逆に弊害が出てきます。例えば、皆さんの会社にも英文契約書歴 30 年、40 年というベテランの方がいらっしゃると思います。そういう方は確かに非常に精通されているのですが、あまり細かい所に気が行きすぎて「木をみて森を見ず」になる傾向に陥ります。つまり同じことをやっているので、そのうち本当に飽きてくるのです。そうすると今度は、新しくドラフトすることに喜びを見いだすようになる。それほど、同じパターンのものが出てくるということです。

ただ最近は、特にＩＴ業界などでは英文契約書の内容がかなり簡略化されてきています。本書 p.300 から扱う「ソフトウェアライセンス契約」などはその一例なのですが、とりわけ、一般条項の簡略化や、前書きの省略がよく見られます。昔からの伝統的なスタイルを守っている部分ももちろんあるのですが、かなり簡略化されている分野があるのも事実です。

TOEIC®テストが300点でも大丈夫

そういうことで、これから英文契約書を勉強するに当たって、自信を持っていただきたいと思います。よく受ける質問が、TOEIC®テストのスコアが低いのですが、この英語力で英文契約書をマスターできるのでしょうか、というものです。実は私はTOEIC®テストのスコアが300点の方に英文契約書の個人指導をしたことがあります。国内でずっとビジネスの経験を積まれていた方だったのですが、「海外との仕事をすることになったうえに、英文契約も出てくる。困った、どうしよう」ということで、たまたま私の英文契約書の基礎セミナーを受講していただいたのです。セミナー直後にその方から、「個人的にご指導をお願いします」とご依頼されて、お引き受けしたのですが、最初にその方からTOEIC®テストのスコアが300点と言われたときは、500点満点なのかなと思いました。ところが、そうではなくて990点満点だったので、私も非常にびっくりしまして、「逆に300点とるのは難しいのではないですか」と失礼なことを言ってしまいました。その方はとにかく前向きに勉強したいということで、週に2回、1回2時間、ご指導したのですが、やはり最初の半年は大変でした。非常に基本的なところがわからない。しかし、だんだんコツがつかめてきて、1年半くらい経ったとき、ちょうど取引相手のアメリカ企業の社長がこちらに来て交渉が始まるということになり、私も同席させていただきました。もちろん日本語の通訳を介しての英文契約の交渉だったのですが、その方は内容をかなりきちんと把握して、ここは譲れないぞというポイントも的確にピックアップしており、もう一人前に交渉ができるレベルに達していました。英語の知識という点では不足していたにもかかわらず、どうしてある程度マスターできたのかというと、やはり先ほどお話ししたように、パターンが決まっているからです。

逆に、最近は新入社員でTOEIC®テストのスコアが900点という方も珍しくありません。彼らはもちろん英語はできるのですが、いきなり英文契約書を読もうとしても読めないわけです。これは英語のネイティブが英文契約書を読めないのと一緒です。私たちでも、日本語ができるからといって一般の方は日本語の契約書は難しくて読めません。独自の読み方、書き方があるわけです。

ビジネス経験こそが役に立つ

また、その方には国内でのビジネス経験があったというのが非常に重要でした。つまり、ビジネスの経験があるので、英文契約書の各条項で何を言わんとしているかをイメージできるのです。こういう場合に、こういうリスクがあるだろうということが頭に浮かんできて、取引において押さえなければいけないポイントが見えてくるわけです。

ですからぜひ、これから勉強するうえでご留意いただきたいのは、ビジネスの勉強も大事だということです。皆さんの中には法務部の方もいらっしゃると思いますが、法務部は法律だけやっていればいいというのではありません。ビジネスを知らないと仕事にならない。逆に、ビジネスも一緒に勉強していくとイメージが湧いてくる。つまり契約書で合意する内容というのは、かなりの部分が法律マター以外のビジネスマター、技術マター、アフターサービスマターです。純粋な法律マターというのは、「一般条項」、つまり「準拠法」や「裁判管轄」あるいは「仲裁」などといった個所のみであり、それ以外は基本的にビジネスマターです。ですから、ビジネスがイメージできないと、英文契約書の審査・交渉というのは難しいと思います。しかし皆さんの中にはビジネスのご経験のある方も多いと思いますので、恐れることなく契約書に立ち向かっていただきたいと思います。

最後に、本書の企画・編集に当たっては、DHC文化事業部の小松玲子さんに大変お世話になりました。

2009年4月

牧野和夫

本書の構成

基礎編

第１章　英文契約書の戦略とリスク
➡ 国際取引のリスクについて知り、英文契約を戦略的にとらえる

第２章　英文契約書の基本
➡ 英米における契約観を理解し、国内・国際取引の違いを押さえる

第３章　英文契約書の種類
➡ 代表的な英文契約書について知る

第４章　英文契約書の一般的な構成
➡ 一般的な英文契約書の構成を理解する

第５章　英文契約書の英語
➡ 英文契約書に特有の表現を押さえる

第６章　英文契約書の重要条項
➡「一般条項」と重要条項について集中的に学ぶ

実務編

第７章　英文契約書の読み方
➡ 英文契約書のサンプルを実際に読み込んでいく
(秘密保持契約書／売買契約書／ディストリビュータ契約書／合弁事業契約書／ソフトウェアライセンス契約書／レター・オブ・インテント)

資料

資料　委任状

実務編

第1章

英文契約書の戦略とリスク

Strategies and risks in English-language contracts

1-1

国際取引のリスク管理

Risk management in international business transactions

英文契約書は国際取引（international business transactions）を対象としており、国際取引のリスクを軽減・回避するために不可欠なものです。そこで、まずは国際取引において英文契約書を締結する以前に、必ず理解しておくべき国際取引における「リスク」の存在とその対応策の基本について、以下を見ていきましょう。

1．国際取引の構造（スキーム）を理解する
2．国際取引（ビジネス）の内容を正確に理解し、リスクを把握する
3．リーガルリスクの評価を正確に行う
4．将来のリスクとその解決策を不足なく契約書に盛り込む

1. 国際取引の構造（スキーム）を理解する

まず最初に、対象となっている国際取引の基本的な構造を理解することが不可欠です。つまり、売買なのかリースなのか合弁事業なのか、ヒト・モノ・カネ・サービスの具体的な流れは当事者間でどのようになるのかを正確に理解することが必要です。なぜならば、対象となっている国際取引の構造をしっかりつかむことで、後にご説明する「リスク」の存在が見えてくるからです。

2. 国際取引(ビジネス)の内容を正確に理解し、リスクを把握する

国際取引には英文契約書が不可欠といえます（詳しくはp.26参照）。言葉の違う国の会社と契約取引をするという場合、国際的に共通の言語となっている英語を使って契約を結ぶケースが圧倒的に多くなります。相手が中国の場合は、中国語と日本語の両方で交渉する場合もあると思いますが、基本的には国際語である英語で行うことが多いでしょう。

そもそも、国際取引というのは非常にリスクが大きいものです。例えば、国際売買契約ですが、外国の製品を買主として買う場合、商品は（物にもよりますが）だいたいが船積みで輸送されます。そうすると本当にきちんと商品が届くのかという不安があります。船が途中で沈没したり、事故があって商品が傷ついたり、あるいは紛失したりするリスクを考えて海上保険に入らなければいけません。さらに、「商品の引渡しはどこでするのか」「価格にはどこまでの費用が含まれるのか」「支払い方法はどうするのか」「日本国内であれば手形とか小切手で簡単に支払いができるが、外国の会社に対する支払いはどうしたらいいのか」「電子送金でよいのか」「電子送金だと前払いは怖い。払ったはいいがインターネットのオークション詐欺のように、商品が一向に到着しないなどということにならないか」といった多くの問題やリスクが想定されます。

もっと大きな問題になると、「商品が着いて販売を始めたら、商品に大きな不具合があった」「欠陥があって大変な問題になった」ということも考えられます。ところが、買主が「すぐ来い」と言っても相手の売主は海の向こうにいるわけです。「バカ野郎！」と怒鳴ったところで声は届かない。海の向こうだと喧嘩にもなりません。

ところが国内の取引だと、売主に来いと言えばすぐに飛んで来るし、買主の方が飛んで行くこともできます。

つまり、国際取引において何かトラブルがあったときのリスクは、国内取

引に比べると格段の差があるわけです。そこでどういうスタンスになるかというと、いわゆる「性悪説」で臨むことになります。実はこれが英文契約での基本です。日本の国内取引はいまだ「性善説」で成り立っているところがあり、何かトラブルがあってもお互い対面で話し合いもできるし、解決の糸口もつかめます。ビジネス慣習や価値観もそれほど違いません。ところが外国の企業というのは価値観も違えば、ビジネスに対する考え方も違うわけです。

ビジネスの常識というのは、営利を目的としているということで、基本的には世界中どこでも同じで、それほど変わらないといえるかもしれません。しかし、文化や言語、慣習の違いは大きいものがあります。とりわけ、トラブルが生じたときに相手方がどういう形で対応してくるか、どのように解決策を考えているかというのは予想がつきません。基本的な価値観も異なるので話し合いも非常に難しくなります。

そのため、契約書の中にできる限り解決策を書いておいて、何かあったときに契約書の内容に従って処置すればよいという考え方になるのです。

3. リーガルリスクの評価を正確に行う

国際取引（ビジネス）の内容を正確に理解しリスクを把握した後で重要となるのが、それらのリスクの評価を正確に行うことです。

本当に回避や低減が必要なリスクなのか、単なる感覚的な杞憂なのかを明確に評価しておく必要があります。

リスクには、ビジネスリスク、経営リスク、リーガルリスクなどいろいろとありますが、契約書で対処することができる法的なリスクを、ここでは「リーガルリスク」と呼ぶことにしましょう。リーガルリスクには、「法規制のリスク」「訴訟のリスク」「法的責任リスク」などがあります。以下、それぞれ見ていきましょう。

(1) 法規制のリスク

例えば、外国資本の投資規制があり、100%の出資契約が無効となってしまうなどといったリスクのことです。契約で合意しても法規制によってその合意が無効となってしまいますので、最大限の注意が必要です。

(2) 訴訟のリスク

「訴訟のリスク」を回避するためには、あらかじめ想定される将来のリスクとその解決策を契約書に盛り込むことが重要になります。訴訟に持ち込まれても、契約書で紛争の解決策がきちんと合意されていれば、裁判所は当事者の契約上の合意を尊重するからです。

(3) 法的責任リスク

「法的責任リスク」については、損害が発生した場合に、できるだけ自社の責任を回避もしくは低減する条件で合意しておくことが重要となるでしょう。例えば、製品欠陥が発生したことによって損害が発生しても、その損害賠償責任について、製品の取引価格の合計額を上限とすることを合意するなどの場合です。

4. 将来のリスクとその解決策を不足なく契約書に盛り込む

不要な訴訟を回避するために、あらかじめ想定される将来のリスクとその解決策を契約書に盛り込むことは大変重要です。契約書で解決策が合意されていると、それが万一裁判に持ち込まれた場合でも、裁判所は当事者間で合意した解決策を尊重しますので、当事者は裁判で争っても無駄であると判断して、話し合いによる裁判外の和解が促進されるという大きなメリットがあります。

万一、紛争解決機関へ解決を委ねる場合には、裁判にするか仲裁にするかの選択肢があります。仲裁による解決を合意しておくと、裁判に比べてより友好的な解決が期待でき、国際的な執行力を持つ点で裁判に比べてメリットが多いといわれています（詳しくは p.152 を参照）。

すべての交渉過程を書面に残すことも重要ですが、後述する完全合意条項（p.146）が含まれている場合には、最終的に契約書で合意した内容が当事者間の契約のすべてということになり、それまでの交渉経緯が入ってきませんので、交渉過程はそれほど重要ではないでしょう。

リーガルリスクの対策

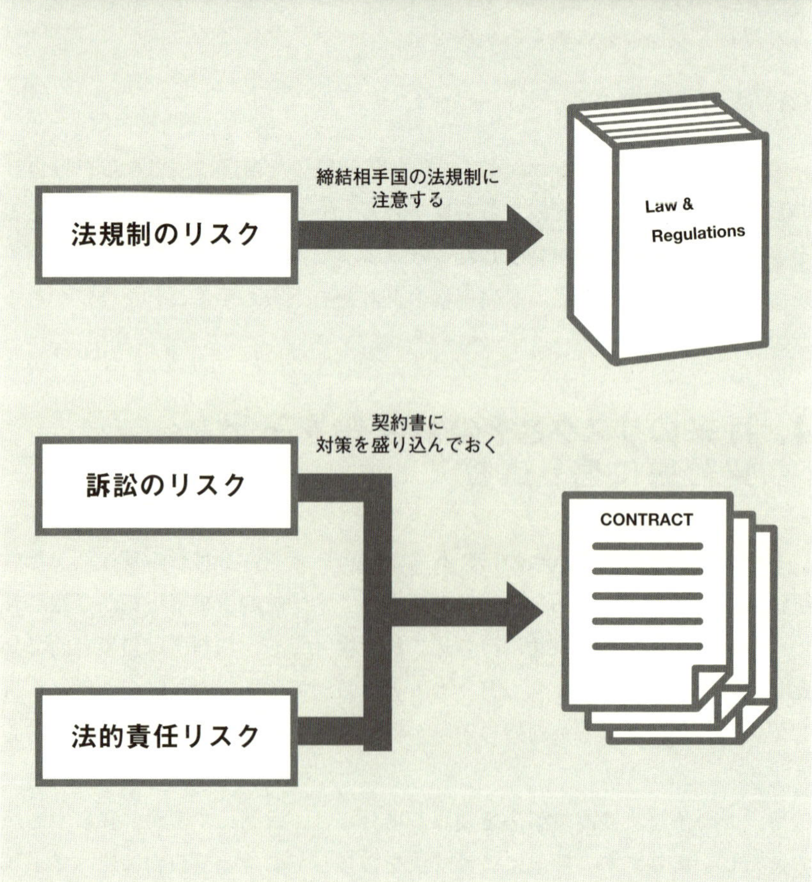

契約交渉を有利に進めるための心得

Guidelines for promoting contract negotiations advantageously

次に、国際取引の契約交渉を有利に進めるために、交渉のテーブルに着く前に把握しておくべき重要ポイントを、以下の点を中心に見ていきましょう。

1. 交渉取引相手の交渉権限の範囲、決定権者を知っておく
2. 英文契約書のドラフトは原則としてこちらで用意
3. 取引の基本的条件を正確に把握する
4. 企業経営戦略と英文契約書

1. 交渉取引相手の交渉権限の範囲、決定権者を知っておく

交渉相手の交渉権限を知っておくことが重要です。つまり、交渉相手に関しては担当者レベルではなく、できる限り、決定権者に直接交渉すべきです。決定権者を見極めるのは難しく、特に発展途上国の場合は（日本企業でもそうですが）、5～10人も出席してきて、その中に決定権者がいないことがよくあります。決定権者は最も多く発言をしている人物ではなく、後ろに控えている人物ということがよくあります。

これはつまり、単独的な交渉を最初は担当者レベルで詰めていき、最後の重要なところを決定権者が行うというケースなのですが、そういった場合でも相手方の決定権者が誰なのかを把握しておく必要があります。最後に先方に譲歩してもらうために、誰に対して説得する必要があるかを分かっておく必要があるのです。

2. 英文契約書のドラフトは原則としてこちらで用意

英文契約書のドラフトは一般的に、当方から出すべきであるというのが基本です。英文契約書のドラフトは単にドラフトにとどまらず、ビジネス構成や契約構成などを含めたうえでのドラフトになるため、当方に有利な形での構成を取っておく方がよいのです。

相手方にドラフトをさせると、当方にとって意味の分からない条項が必ず入っています。ところが、当方から出すドラフトは十分検討したうえで当方に有利な形で出します。当然、すべてを理解してから出すわけですから、相手方が盛り込んできた条項を意味が不明のまま受け入れるリスクが少なくなります。

しかし、原則としては当方から出すべきですが、別の考え方もあります。契約のドラフト作業は非常に時間が掛かり、特に外部の法律事務所などに依頼すると経費も掛かります。そこで、ドラフトは相手に作成させて、こちらはチェックすればいいという考え方になるわけです。

その場合はチェックする自信があれば、わざわざこちらから出す必要はないでしょう。むしろ、相手にドラフトしてもらった方がコスト面ではるかに節約できます。

3. 取引の基本的条件を正確に把握する

対象となっている国際取引の基本的条件を正確に把握し理解していることが不可欠です。

国際売買契約書であれば、ＦＯＢやＣＩＦなどの国際貿易条件の知識は必須でしょうし、銀行が発行するL/C（信用状）による決済条件についての理解も不可欠でしょう（詳しくはp.238参照）。

技術のライセンス契約書であれば、ライセンスの対象となる技術についての知識、ライセンスの種類（ライセンスとサブライセンス、独占権と非独占権など）についての知識は必須になるでしょう。

あるいは、合弁事業契約書では、合弁会社の設立と運営に関する会社法の知識が不可欠となるでしょう。こうした取引の基本的条件については、各種類の契約書の内容を審査する中で、その都度、習得していくことになるでしょう。

4. 企業経営戦略と英文契約書

英文契約書の中身は「転ばぬ先の杖」というか、トラブル発生時の解決策が記載してある、リスク管理、予防法的な意味合いが非常に強いものです。

ただ、最近は戦略的な「攻めの契約書」という機能も果たしており、特に知的財産が絡む部分では、非常に戦略的な攻めの内容が入ってきます。単なる転ばぬ先の杖ではなくて、会社としてどうしたいのか、取引の中で発生した知的財産をどのように会社の事業戦略へ活かしていくのかなど、経営上の戦略を反映させたものとなっています。

つまり、会社の存在意義というのはまさに知的財産であるわけで、知財が他企業に流出したり、相手方に渡ったりしてしまうと、自社の存在意義がなくなってしまうのです。

例えば特許のライセンス契約では、ライセンスを受けた側は当然、使用料を払うわけです。ところが、使用している間に新たな技術が出てきた場合、それはどちらに帰属するのか。一般にライセンサー側に帰属するとする契約書が多いのですが、ただそれには独占禁止法上の問題があるということで、工夫して書かれていることが多く見られます。

こうした知的財産が絡んでくると、まさに攻めの契約書ということになりますので、単なるリスク管理を超えてきます。これを「戦略法務」と呼んでおり、そこでは会社としてどうしたいのかが重要になってきます。ただし、本書で扱うものについては、リスク管理、予防法が中心となります。

第2章

英文契約書の基本

Basics of English-language contracts

2-1

契約書は なぜ必要なのか

Why are written contracts necessary?

国際取引を行う際、その契約は必ずしも書面によらなければ有効に成立しないというわけではありません。

契約書は、その準拠法（governing law、詳しくは p.31 参照）が契約書の締結を義務付けている場合であれば必要ですが、そうでなければ必ずしも要求されません。つまり、「契約自由の原則」の一つである「方式の自由」の原則により、契約は口頭でも書面でも行えるのです（p.41 参照）。

しかし、現実には、国際取引に関する契約を口頭のみで行うということはまずありません。書面で行うことがほとんどです。それはなぜなのでしょうか？　以下にその理由を見ていきましょう。

1．「言った」「言わない」の後日の争いを防ぐことができる
2．契約内容について双方が正確に理解することができる
3．第三者が契約の内容を理解することができる
4．紛争や訴訟の際、証拠として利用することができる
5．契約書の作成が契約の成立要件になっている場合がある

1について、多く見られるトラブルとしては次のようなものでしょう。X社としてはある日の交渉で、代金の支払い方法については、「6ヵ月後に支

払う手形による」と同意したものと考えていた。そして取引相手のＹ社でもそう考えていると思っていた。しかし実際に取引が始まったらＹ社が違う支払方法を考えていた、というようなケースです。これではスムーズにビジネスが進みません。そこで、当事者間の合意内容を書面に記録しておく必要があるのです。

２に関しては、国際取引というのはあらゆる国・宗教・慣習・文化・思想などの違いを越えて行うものなので、日本でいう「以心伝心」などはありえないのです。従来の日本のビジネスでは「性善説」が通用していて、基本的に相手を信頼することがベースとなっています。

一方で、国際取引においては残念ながら、「性悪説」をベースとして、あらゆるリスクを考えます。そのため、契約書の中でできる限りの内容を明確にしておくことが必要となっているのです。こちらについては、p.34の「国内取引と国際取引の違いをしっかり把握する」の項で詳しく見ていきます。

３については、ビジネスの基本としても重要なことです。契約締結の当事者や取引担当者以外にも、会社のトップから現場レベルまで、そのプロジェクトに関わる誰が読んでも同じ内容を理解できて、契約事項についての認識を共有できるような書面が必要となってくるのです。

４に関しては、裁判所へ合意内容を説明するために証拠として提出する書面が必要となります。契約書にはあらゆるトラブルが起こったときを想定して、その解決策を合意した条項が盛り込まれています。いざとなったときに身を守るためのリスクマネジメントの役割を担っているのです。

５については、契約を有効とするために、契約書の作成を法律によって義務付けている場合があります。英米法の詐欺防止法が代表的な例ですが、これについてはp.36の「契約の成立要件」で詳しくご説明します。

2-2

英文契約書の理解には英米法の知識が必要

Knowledge of Anglo-American law required for understanding English-language contracts

英文契約書は英語で書かれていますので、使用される語句や表現は英米法に基づいてきた歴史があり、現在も英米法の考え方がベースになっています。一方、日本は英米法と並ぶもう一つの法体系である「大陸法（continental law)」を採用してきました。両者の基本的な概念はかなり異なります。

そのため、国際英文契約書を理解するためにはまず、英米法の基本概念、それに基づく契約観と契約用語を理解することが必要になってきます。

1．英米法

英米法はアメリカやイギリス、そしてイギリス植民地であったオーストラリア、カナダなど、主に英語圏の国々が基本としている法体系です。

そのベースとなっている法律が「コモン・ロー（普通法：common law)」です。「コモン・ロー」は裁判所が依拠する法律が国会で制定された「制定法」でなく、裁判の判決による合意の集積の上に成立した判例法（case law）です。英文契約の基本法も主としてこの「コモン・ロー」です。

以前の英米法では法体系が、国王裁定の「コモン・ロー」と、その後に成った役人裁定である「エクイティ（衡平法：equity)」とに二分されていました。管轄裁判所も、コモン・ロー裁判所とエクイティ裁判所とに明確に分かれて併存していました。しかし、現在では管轄裁判所が統合されて一本化されてきており、両法体系を区別して考える必要性も薄れてきています。

しかし、両法体系の考え方の違いを理解しておくことは、英米法の考え方を理解するうえで大変重要なので、以下で見ていきましょう。

簡単に言うと、「コモン・ロー」が「原則」であり、「エクイティ」が「例外」という関係にあります。「コモン・ロー」は文字通り、common（普通の）law（法律）、つまり「普通法」であり、裁判所の通常の法準則（rule of law）による判決で形成されます。これに対し、「エクイティ」は「コモン・ロー」の法準則で得られる判断・結論が不公平な場合に、例外的にその不当性を修正するために認められる特別な法準則です。

「エクイティ」からいくつかの法ルールが導かれています。1．裁判の当事者は過去の自己の一連の行動に反する行動を取ることは許されない（estoppelの法則）、2．相手方の違法行為を主張する者はその適格性として自らも潔白（clean）合法でなければならない（clean handの原則）、などが挙げられます。

また、「エクイティ」の法準則に基づく判決としては、「特定行為の強制や禁止」を命じるものが挙げられます。例えば、1．名誉毀損の場合、コモン・ローの金銭的損害賠償では当該被害者の救済が不十分とみられる場合に謝罪広告などの「特定行為の履行」を求める、2．空港騒音訴訟においてコモン・ローの金銭的損害賠償に加えて、夜間一定時間の飛行禁止など「一定の行為の差止め」を命じる、などといった場合です。

2. 大陸法

日本が属する「大陸法」はローマ法を起源とする法体系で、欧州大陸で承継されてきたものです。

裁判所が依拠する法律が国会で制定された「制定法」を中心とするものであり、裁判所の役割は制定法を解釈する、つまり制定法で規定されていない部分・範囲について解釈で補足することが中心となります。

日本が明治初期に文明国家として法律制度を作るときにモデルとしたものが、ドイツ法やフランス法といった大陸法系の法律制度でした。

3. 英米法と大陸法の接近

以上のように、英米法と大陸法とでは、判例法主義と、制定法主義とで大きな違いがありますが、最近では両者が接近しつつあるといわれています。

つまり、英米法系の国でもすべてを判例法で対応しているわけではなく、規制法規などは制定法による部分が大きいといえます。

他方では、大陸法系の国でもすべてを制定法で対応しているわけではなく、急激な社会の変化に対応するために、判例が重要な役割を持っています。

英米法と大陸法

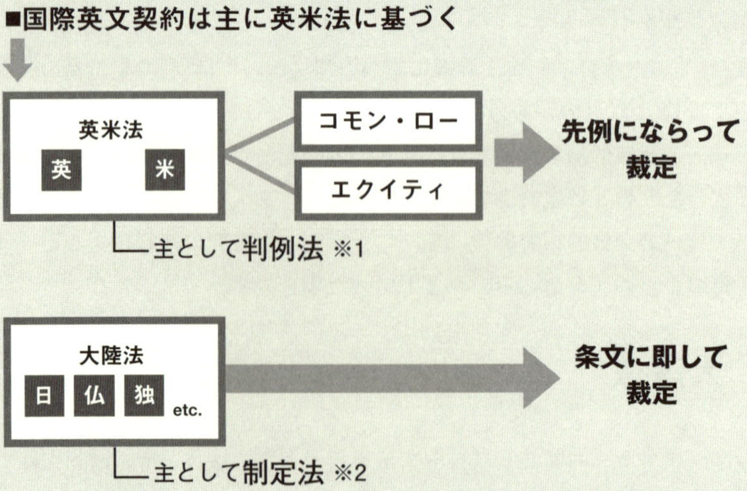

※1 規制法規などは制定法によることが多く、サブプライムによる一連の救済法は制定法によるものです。
※2 最近は判例によることが増えており、著作権法などの分野は判例法に近い性質を持ちます。

契約書の解釈における準拠法

Governing law in the interpretation of a contract

準拠法（governing law）とは、契約において取り決められなかった問題について解釈する際に、その基準として適用される、ある国（や州などの法域＝法単位）の法律のことです。

国際取引契約では当事者の国籍が異なる場合、準拠法を選択することができます。準拠法の選択は、その選択によって法解釈が変わり、当事者の権利関係にも大きな影響があるので大変重要です。

契約の成立に契約書面が必要であるかどうかも準拠法によって定まります。準拠法については「一般条項を読む」（p.148）でも解説していますが、ここでは、英米法もしくは日本法を準拠法としたそれぞれの場合について見ていきましょう。

1. 英米法を準拠法とする

■口頭証拠の原則

コモン・ローに基づく英文契約の原則として重要なものが、口頭証拠の原則（parol evidence rule）です。

これは、契約の当事者が契約文書を作成した後では、それまでに交わした口頭、書面による約束などは契約文書に記載されていない限り、一切認められないという原則です。契約締結までには、何度も交渉を重ねることになりますが、その過程でさまざまな事項について、口頭、書面による協議がなされます。当然、そこでは口頭、書面による合意事項などが多く発生しますが、それらすべては、契約文書に記載されていなければ無効となるのです。

コモン・ローに基づく国際取引の契約書には「完全合意条項」という条項が盛り込まれています。

そこでは、「本契約は、本契約に記載された事項に関し、当事者間で本契約締結以前になされたすべての協議事項に代わるものとして、最終合意事項のすべてを記載したものであるものとする。本契約の修正追加、及び本契約に基づく権利の放棄は、関係当事者が署名または捺印した書面による場合にのみ有効なものとする」などと記されます。

つまり、契約書に書いてあることがすべてになるので、できる限り、当方に有利な条項を入れてもらうことが重要なのです。

2. 日本法を準拠法とする

■誠実協議条項

日本法を準拠法とした場合には、口頭証拠の原則が適用されませんので、契約締結以前の合意（口頭、書面を問わず）がすべて契約の内容として入ってくることになります。

日本国内で日本語で締結される契約書には、「誠実協議条項」が盛り込まれることが多く見られます。

そこでは、「本契約に定めのない事項または本契約の各条項の解釈につき疑義を生じた場合には、甲及び乙双方は誠実に協議し、その解決をするものとする」などと記されます。

これは、交渉できていない部分、合意できていない部分があるけれど、そこはお互い話し合いで円満に解決しましょう、という主旨のものです。つまり、「誠実協議条項」があると、契約書以外の合意内容も入ってくる可能性があるということなのです。

Coffee Break

「完全合意条項」と「誠実協議条項」は矛盾するの?

契約書に書いてあることがすべてである「完全合意条項」と、契約書に書いていないことも認める「誠実協議条項」。実際、実務レベルではどちらが扱いやすいといえるのでしょうか。

契約書を管理する側からすると、「完全合意条項」がある英文契約の方が非常にやりやすいといえます。契約書を一本渡しておけば、これで当事者間の引き継ぎが終わるからです。

ところが、「誠実協議条項」が入っている日本語の契約書だと、それがすべてとは限らないわけですから、そこに他の覚書ですとか口頭の約束が入ってくる可能性があります。つまり「リスクが高い、リスクが見えにくい」ということになるのです。

また、日本の契約書の場合、「誠実協議条項」と「完全合意条項」を両方入れるというケースがよくあります。

本来は矛盾する条項ですが、相手がどうしても入れてくれというので仕方がないから入れる、ということがあります。

解釈のしようによっては、「一応は完全合意なのだが、万が一取りこぼしがあった場合には誠実に協議する」という意味になり、その場合にはおそらく「誠実協議条項」の意味がなくなり、「完全合意条項」の方が優先して解釈されるのではないかと思います。

契約書には、このような理論的にあり得ないことが多く出てくるのも事実です。

国内取引と国際取引の違いをしっかり把握する

Precise understanding of the differences between domestic business and international business

日本法に拠る国内取引の契約書と、英米法に拠る国際取引の英文契約書の違いについて、わかりやすく整理しましょう。

国内取引は「性善説」、国際取引は「性悪説」

一言で表すならば、日本国内における取引の根底に流れる契約観は「性善説」で、基本的に当事者同士の信頼関係ありき、という考え方です。

ですから国内の契約書の一般条項には「誠実協議条項」（p.32 参照）が盛り込まれます。つまり、当事者同士の良好な信頼関係を傷つけるようなことは極力触れないことがよしとされているので、結果として、契約書もシンプルなものになります。

一方、英米における取引の根底に流れる契約観は「性悪説」です。契約交渉スタート時から、相手との信頼関係が崩れた最悪の場合を想定して動きます。

当然、「誠実協議条項」は盛り込まれず、代わりに信頼関係が壊れてトラブルに陥ったあらゆる場合を想定して合意した、つまり「完全合意」した条項がたくさん盛り込まれるのです。

結果として、契約書は複雑でボリュームの多いものになりがちです。

国内取引と国際取引

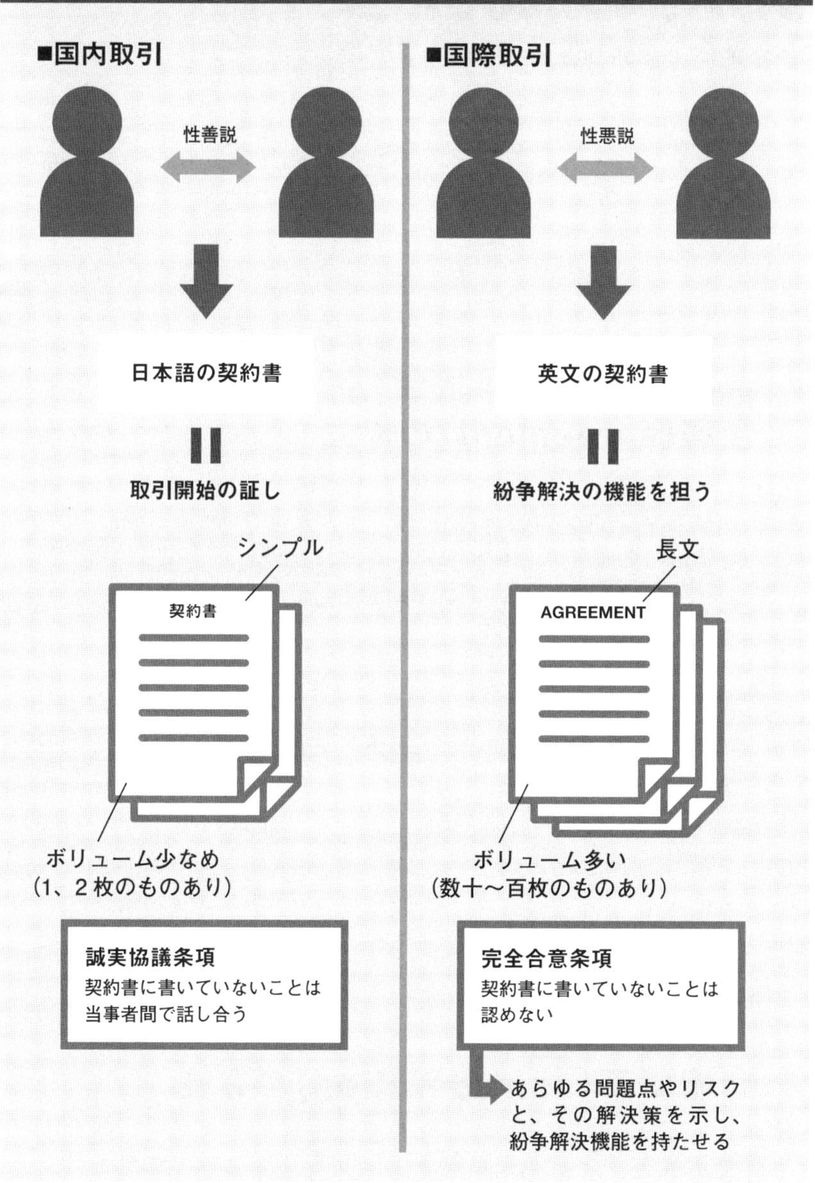
■国内取引
性善説
日本語の契約書
＝
取引開始の証し
シンプル
契約書
ボリューム少なめ
（1、2枚のものあり）
誠実協議条項
契約書に書いていないことは
当事者間で話し合う
■国際取引
性悪説
英文の契約書
＝
紛争解決の機能を担う
長文
AGREEMENT
ボリューム多い
（数十～百枚のものあり）
完全合意条項
契約書に書いていないことは
認めない
あらゆる問題点やリスク
と、その解決策を示し、
紛争解決機能を持たせる

契約の成立要件

Necessary conditions for realizing a contract

1. 申込み（offer）＋承諾（acceptance）＝合意（agreement）の成立

契約が成立するための第一の要件は、当事者間で申込み（offer）が承諾（acceptance）されて、当事者間の合意（agreement）が成立することです。「申込み」と「承諾」というのは少し分かりにくいのですが、売買契約でいうと、「申込み」というのは注文書に当たります。つまり、買主がこういう商品をいくらで何個、引渡しがいつ頃で購入したいと注文する。それに対して売主はそれを「承諾」して、注文を受注します。これで個別の独立した売買契約が成立します。

「合意」の成立により、通常は「コントラクト（contract）」という法的な拘束力をもつ契約になるわけですが、単なる合意がコントラクトという契約になるためには、いくつかのハードルがあります。それが次に出てくる「対価関係（consideration）」、「契約締結能力（legal capacity）」や「抗弁事由（defenses）」です。

2. 対価関係（consideration）の存在

英米法の下では、当事者間で合意が成立したうえで、両者間で「約因

（consideration）」が交換されて始めて、契約が法的拘束力を持ちます。

この「約因」というものはひと言で言えば、「対価関係」を指します。つまり、契約の当事者間で交換する「モノ・カネ・サービス・約束」などを広く指します。

そもそも契約というのは「約束の交換」です。売買契約の場合は、売主は商品を引き渡す代わりに代金を受け取る権利を持ちます。つまり、当事者間に「見返り」がある関係が成立します。この「見返りがある関係＝対価関係」がないと、合意は成立しても、契約としては効力を発生しないということになります。

なぜこの対価関係が重要かというと、英米法の下で結ばれる契約書の伝統的なスタイルの中に組み込まれているからです。

一方で、日本などの大陸法系の民法では、原則として、合意があれば契約が成立します。

これは、贈与の場合も同じです。日本では、ご存じのように、口頭の贈与は取り消せても、書面の贈与は取り消せません。したがって、法的拘束力を持ちます。有償契約だけでなく、無償契約の場合も効力を持つためです。

これに対し、英米法の場合には約因や対価関係といった「見返りがないとダメ」というわけです。

ただし、アメリカにおいて、捺印証書（deed）という一定の書式で贈与契約を作成する場合などについては、その形式を踏めば対価関係がなくても拘束力を持ちますが、こういったもの以外の契約については原則として対価関係は必要になります。

例えば、p.224の「（売買）基本契約書」をご覧ください。本文8行目のWITNESSETH: 以下に契約締結に至る経緯が記載されています。WHEREAS以下では、Xはこうする、Yはこうするという経緯が書かれ、したがって、最終的にこの契約を結びましょう、となっています。最後にNOW THEREFORE, in consideration of the premises and mutual covenants contained herein, the Parties hereto agree as follows:（したがって、本契約書に記載される前提及び相互の誓約を約因として、両当事者は、以下のとおり合意する）とあります。これが「対価関係」を示しており、この一文は「この契約には対価関係があり、したがって、法的拘束力があります」ということを明確に示す機能を果たしています。

3. 契約締結能力（legal capacity）が認められること

「契約締結能力（legal capacity）」とは、当事者が契約を締結する、法的な能力を指します。

法人の場合ですと、代表権のある人がきちんと署名をしていることが必要です。日本の会社法では、従来の日本型の代表取締役がいる場合、代表取締役が基本的に代表権、契約締結権限を持ちます。ただし、例外として、取引の主任者、例えば支店長とか支社長の立場の人、あるいは部課長の立場の人は、業務の主任者ということで、その職務権限の範囲で締結権限を持ちます。

他方、アメリカ型の会社制度を採っている会社の場合、これはいわゆる「委員会等設置会社」と呼ばれるものですが、（意思決定を行う取締役会に対し）実際の業務執行を行う執行役という会社法上の役員がいて、代表執行役が代表権を持ちます。その他の執行役も各自、その職務権限の範囲で業務執行を担当しています。

ちなみに、執行役と執行役員はどう違うかというと、執行役というのは会社法上の役員であり、株主代表訴訟の被告になり得ます。他方、執行役員は会社の任意の役職で、会社法上の役員ではありません。執行役員は法的には部長と同じで職務権限の範囲で代表権を持ちます。ですから、「執行役」か「執行役“員”」かの違いで、株主代表訴訟の被告になるかならないかの違いが出てきます。

　この執行役員制度というのは、意思決定と執行の分離を示すための日本特有の制度で、アメリカ型の会社の仕組みが認められなかった時期にある企業が考え出し、それがいまだに続いているというわけです。

4. 抗弁事由が存在しないこと（No defenses）

「抗弁事由が存在しないこと（No defenses）」とは、契約の効力を否定する事由が存在しないということです。

例えば、契約の有効性を維持するために、詐欺、脅迫、錯誤、公序良俗違反、強行法規違反、書面性の要求などによって契約が無効にならないことが必要になります。

「錯誤」というのは、重要な契約条件に誤解があったというものです。例えば、売主も買主もダイヤモンドだと思ってガラス玉を売買した、というような場合です。売主が知っていた場合は「詐欺」になります。

「公序良俗違反」というのは、いわゆる犯罪目的で契約をするという場合です。例えば、敵対国に対して軍事転用できる技術の輸出は禁止されているにもかかわらず、それを輸出する契約を結ぶことは「公序良俗違反」となります。

次の「強行法規違反」というのは、独占禁止法などの取締法規の違反です。

「書面性の要求」ですが、これは例えば、アメリカにはUCC（統一商事法典）という、日本でいう契約法と商法を一緒にしたような法律があるのですが、その中で500ドルを超える商品の売買契約の場合は、口頭ではなく書面によらなければならないという条件があります。

こういった一連の「抗弁事由」が存在しない場合に、契約として有効であることになります。

つまり、以上の１～４のすべての要件を満たしたときに初めて、法的な拘束力を持つ契約を締結したことになります。

契約の成立要件

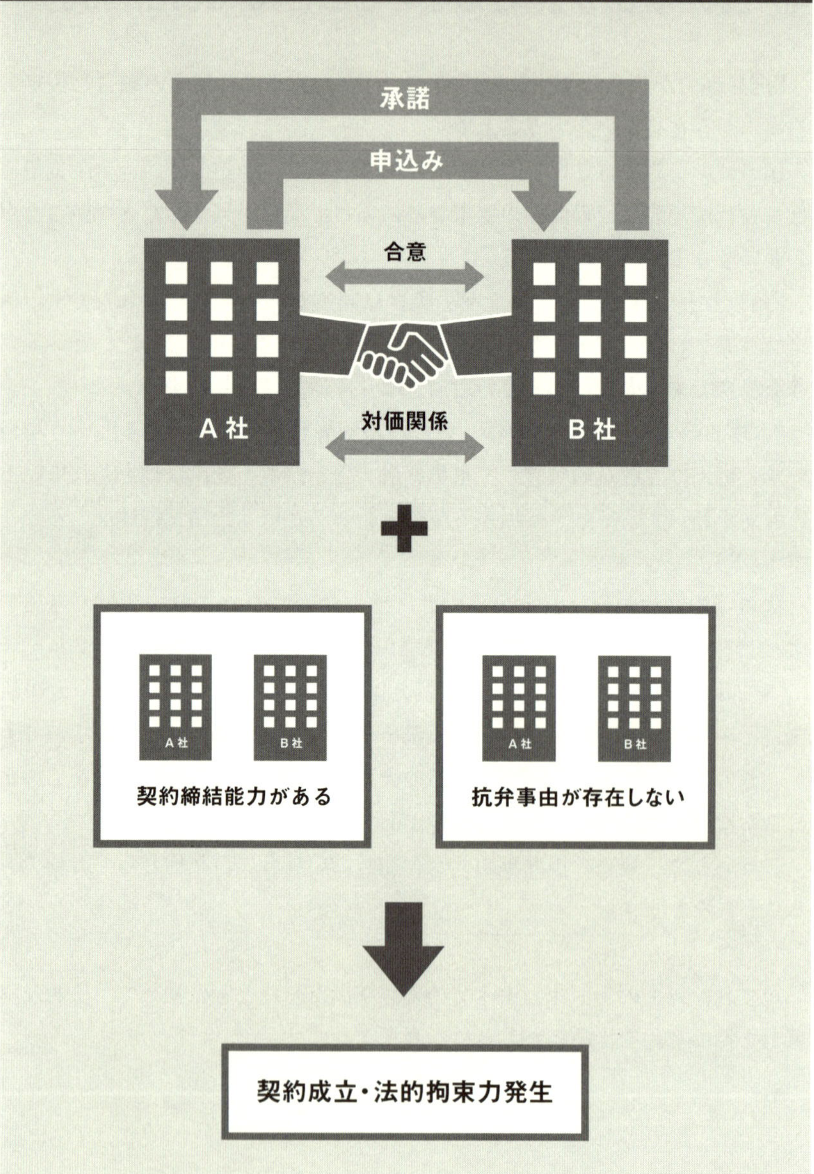

承諾
申込み
合意
A 社
対価関係
B 社
A 社
B 社
契約締結能力がある
A 社
B 社
抗弁事由が存在しない
契約成立・法的拘束力発生

契約自由の原則

The principle of freedom of contract

「契約自由の原則」は、契約における近代法の原則の一つであり、「内容の自由」、「相手方の自由」、「方式の自由」、「締結の自由」の４つの自由が含まれます。

1．内容の自由

「内容の自由」というのは、当事者間で何を決めようが自由であるということです。ですから、例えば一方的な条件であっても、相手がのめば契約として成立します。ただあまりに一方的な場合は、独占禁止法ですとか下請法に抵触します。例えば下請会社と契約する際、支払い条件などであまりに不利な条件をのませると、その条項、あるいは契約全体が無効になってしまう可能性があります。

あるいは、ディストリビュータ契約でよくあるのが、メーカー側がディストリビュータに対して縛りをかけようということで、販売価格の拘束、例えば定価販売で値引きをしてはいけないなどという条項を入れたりします。この値引き禁止は独禁法違反になり、ほとんどの国では無効になります。

ちなみに、契約全体が無効にならないようにということで、Severability（可分性、分離性）という条項（p.158）があります。この条項の主旨は、一部の条項が法的な拘束力を持たないと判断された場合に、その条項は無効とみなされるが、ただし、それ以外の条項についてはそのまま効力を持つというものです。

前述したように、「内容の自由」とは、内容は何を決めても自由である、というものです。したがって、「書いておかなければ損だ」という考え方が導かれます。逆に言うと、契約に書いておいて合意していれば、訴訟になって裁判所に持って行っても、裁判所はそれを尊重しなければならないわけです。裁判所は「何で合意したのか？」とは聞きません。ですから、内容的にはできる限りの合意を得ておくことです。独禁法違反で無効になるとしても、裁判所に持って行かなければ無効とは判断されず、それまでは任意に有効ということになりますので、できるだけ自社の主張したいことを入れておくべきでしょう。

2. 相手方の自由

「相手方の自由」というのは、誰と契約しても（しなくても）自由だということです。例えば「おたくの会社とは取引できません」と言うことに理由はいりません。つまり、それが単に気分的な問題であっても自由であるということです。ただ、グループで特定の企業だけを仲間外れにするとなると、共同ボイコット行為として独禁法上問題になる可能性があります。

3. 方式の自由

「方式の自由」というのは、契約は口頭でも書面でもよいということです。ただし、口頭だと証拠が残らないので、「言った、言わない」の別の議論になる恐れがあります。

また、書面による場合の書式も特に問われません。よく、「契約書の書式は法律で決まっているのか」という質問を受けるのですが、これは決まっていません。全く自由です。ですから、Ａ４用紙１枚でも、具体的な中身が合意されていれば立派に契約として効力が発生します。一応、書式のスタイル、ひな型はありますが、それはあくまで参考に過ぎないということです。

つまり、自由に書いてもよいが、同じパターンで書くと楽なので、同じ構成で書かれていることが多いのが現状です。本当は会計基準のように、英文契約についても統一したスタイルにしてもらえば、もっと楽なのかもしれません。しかし、一般的なスタイルというのはできていますので、これについては第７章でご説明します。

気を付けなければいけないのは議事録です。よく交渉の最後に確認の意味で議事録を用意しますが、署名権利のある責任者の方（例えば、職務権限のある部課長。ただし担当部課長は基本的にはスタッフということになるので対象外）が議事録に署名すれば、立派に契約として効力を発生します。「契約書の形を採っていないではないか、代表取締役が署名していないではないか」と言っても、契約では書面の書式は問われないので、紙きれ１枚でも、具体的な中身が合意されていれば立派な契約です。

p.343で解説する「レター・オブ・インテント」も同様です。中身に具体的な合意内容が書かれていて、not legally binding（法的拘束力を持たない）という言葉によってその法的効力が否定されていない限り、必ず効力が発生します。

よく、「レター・オブ・インテントは、legally binding（法的拘束力を持つ）と入れないと拘束力がないのでは？」と聞かれるのですが、そうではありません。書いたことは「コミットしたこと」になります。ですから書いてあることを否定するためにnot legally bindingとするというのが正しい理解です。

4. 締結の自由

「締結の自由」は、契約を「締結する、しないは自由」であるということです。英米法の下では「締結の自由」が認められていますので、契約交渉の途中であっさり締結をやめても原則としてはおとがめなしです。

ただし、日本や欧州などの大陸法の国では、交渉を継続する義務が発生しますので注意が必要です。これらの国ではいったん交渉に入った場合、ある程度は誠実に交渉を継続しなければいけません。つまり途中で放り出すような形で交渉をやめるというのは契約上の義務違反になり、法的な責任が発生するのです。

第3章

英文契約書の種類

Types of English-language contract

3-1

英文契約書の種類

Types of English-language contract

国際取引の契約に頻繁に使われる、主な英文契約書あるいは英文法律文書を分類すると、下記のようになります。

1. 秘密保持契約(➡詳細はp.174へ)

「秘密保持契約書」はNon-Disclosure Agreement(=NDA)あるいはConfidentiality Agreement(=CA)というタイトルで締結されることが多く見られます。当事者間で取引の可能性を話したり、あるいは、契約交渉を開始したりする際に、技術情報や営業秘密を交換することになりますので、そうした企業秘密を契約上保護するために締結されます。

NDAは交渉が開始されれば取引が成立しなくても必ず締結される契約書ですので、企業間の契約としては最も数が多く締結されることになります。

2. 売買契約(➡詳細はp.202へ)

「売買契約」は、継続的な取引か一度限りの取引かで、1.「長期売買契約(Long Term Sale and Purchase Agreement)」と2.「スポット売買契約(Spot Sale and Purchase Agreement)」に大別されます。

(1) 長期売買契約(Long Term Sale and Purchase Agreement)=継続的な取引の基本契約

「長期売買契約」では、一定期間に行われる継続的な「個別の売買契約（Individual Sales Contract)」に適用されるべき基本的な条件を合意する、いわゆる「売買基本契約書（Master Sale & Purchase Agreement)」が締結されます。本書の第７章（p.206）では、この基本契約を扱いますが、基本契約は、継続的な個別契約を行う過程で、その都度細かい条件を決めていくのは面倒なので、あらかじめ基本的な条件について規定しておくものという位置付けです。

ですから、基本契約には「何が」欲しいという記載はありますが、「いくつ」とか「いつ」欲しいという記載はありません。これは「注文書（Purchase Order)」と「注文請書（Sales Note、Order Acknowledgement)」による個別の売買契約の中で成立していきます。つまり、この基本契約というのは、いわば不完全な売買契約で、それ自体に無論効力はありますが、個別契約が成立して初めて、そこで売買が完成するということになっています。

(2) スポット売買契約(Spot Sale and Purchase Agreement)=個別売買契約

「スポット売買契約」や「個別契約」は一般に、当事者間で結ぶ契約書に代えて、企業が作成した「注文書（Purchase Order)」や「注文請書（Sales Note、Order Acknowledgement)」のやり取りで取引が行われます。

つまり、「基本契約」と「個別契約」についてまとめると、まず基本契約が締結されて、それに基づいて個別契約が締結される関係にあります。

3. 販売代理店契約(➡詳細はp.244へ)

「販売代理店契約」には、「ディストリビュータ（販売総代理店）契約(Distributor[ship] Agreement)」と、「エージェント（代理店）契約

（Agency Agreement）」があります。

例えば日本のメーカーが自社の製品を海外で販売しようとする場合に、現地のディストリビュータ（Distributor）を指定して、そこが開拓した販売・サービス網を通じて組織的に自らのリスクで販売してもらう場合などに締結するのが「ディストリビュータ契約」です。

一方で、「エージェント契約」は、エージェント自らは商品売買の当事者にはならずに販売代行を行い、契約が成立した場合にコミッション（販売手数料）を受け取る契約です。

4. 合弁事業契約 （➡詳細はp.268へ）

「合弁事業契約（Joint Venture Agreement）」は、株主間契約（Shareholders' Agreement）ということになります。ですから、株主間の合意事項が合弁条件として記載されます。

合弁事業契約の主な目的というのは、パートナー同士が出資をして、共同で合弁事業を立ち上げるというものです。

合弁する理由はいろいろありますが、例えば、日本企業が途上国で会社を作るときに、外資規制がある国がいまだ多いので、当然現地のパートナーと組まざるを得ない場合などがあります。

5. ライセンス契約 （➡詳細はp.300へ）

「ライセンス契約」は、特許、商標などの産業財産権、著作権、ノウハウなどの知的財産権（intellectual property right）の権利者（ライセンサー：Licensor）が、一定の使用料の支払いを条件に、それらの使用を相手方に許諾する契約です。使用を許諾された当事者（ライセンシー：Licensee）は、貸与された知的財産を利用して、モノ・サービスを作り、販売します。ライセンシーが支払う対価は、ロイヤルティ（royalty）あるいはライセンスフィー（license fee）と呼ばれます。

ライセンス契約は、ライセンサーの立場を取って「技術援助契約」と呼ばれたり、ライセンシーの立場を取って「技術導入契約」と呼ばれたりすることがありますが、海外生産拠点への技術供与は一般に「技術援助契約」と呼ばれます。

6. レター・オブ・インテント (➡詳細はp.343へ)

レター・オブ・インテント（Letter of Intent）は契約の「予備的合意書」あるいは「意向書」と訳されます。長期にわたる契約交渉において、部分的な合意が成立するたびに、記載して記録するための文書です。「合意の覚書（Memorandum of Agreement）」や「議事録（Minutes of Meeting）」なども法的には同じ意味を持ち、法的拘束力の有無が問題とされます。

第4章

英文契約書の一般的な構成

General composition of an English-language contract

一般的な英文契約書の基本構成

Basic composition of an ordinary contract

1. 契約書の形式は原則として自由

前述したように、契約書の形式は原則として自由です。また、契約書（Contract、Agreement）といった表題がなくても、注文書（Purchase Order）や注文請書（Sales Note）などは商習慣上では契約書の代替物として取り扱われています。

準拠法となる法律によっては契約の成立要件として、定められた形式を採用した契約書が求められる場合があります。アメリカの捺印証書（deed、ただし、贈与契約に法的拘束力を持たせるため）などがその例ですが、これらも現在ではそれほど厳しい規制ではなく、かなり緩やかに扱われています。

2. ほとんどの契約書で伝統的なスタイルを採用

法律で定められた所定の書式がないといっても、実際の国際取引の英文契約では、これから解説するような伝統的な英文契約書のスタイルを採用したものがほとんどです。

3. 英文契約書の基本構成

一般的な国際取引の英文契約書の構成は下記のようになっています（詳しくはp.54）。

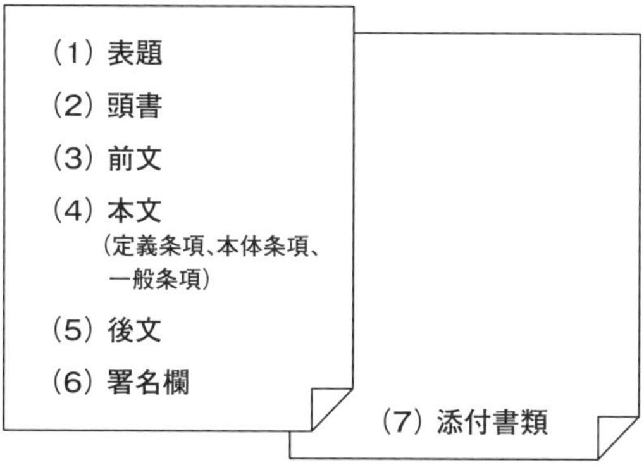

4. 全体で一つの文として読む

英文契約書は、それ自体が、S＋V＋Oという文型の一文と見なすことができます。そのため、細部を読み込む前に、まずざっと全体を見通して、大意をつかむことが大事です。

試しに、次ページの英文契約書例を見ながら、下記の説明を読んでみてください。

では、具体的にSVOの文型に当てはめてみましょう。

まず、S（主語）は「頭書」の冒頭にあるTHIS AGREEMENT（本契約）に当たります。V（動詞）はWITNESSETH（前文）で、それ以下のWHEREAS句がO（目的語）となっています。

次ページからは、一般的な売買契約書を例に、各項目について詳しく見ていきましょう。

英文契約書例

SALE AND PURCHASE AGREEMENT ——(1)表題

S

THIS AGREEMENT, made and entered into this XXth day of April, 20XX by and between X, Ltd., a company organized and existing under the laws of Japan, having its principal place of business at X-X-X, Akasaka, Minato-ku, Tokyo, Japan (hereinafter referred to as "X") and Y INTERNATIONAL Corporation, a corporation organized and existing under the laws of the State of California, having its principal place of business at XXXX Franklin St., Oakland, CA, USA (hereinafter referred to as "Y"); ——(2)頭書

V

WITNESSETH:

O

WHEREAS, X requires a stable supply of commercial vehicles hereinafter more particularly specified ("Products"); and
WHEREAS, Y desires to sell the Products to X.

NOW, THEREFORE, in consideration of the premises and the mutual covenants and agreements contained herein, it is hereby agreed upon by and between the Parties as follows: ——(3)前文

Article 1 Definitions
Article 2 Confidentiality
⋮ ——(4)本文

IN WITNESS WHEREOF, the Parties hereto have caused this Agreement to be executed in duplicate by their duly authorized representatives. ——(5)後文

(X) X, Ltd.	(Y) Y INTERNATIONAL Corporation
By : ______________	By : ______________
Name:	Name:
Title:	Title:
Date:	Date:

——(6)署名欄

日本語訳

売買契約書 ―(1)表題

本契約は、20XX 年 4 月 XX 日に、日本の法律に基づき組織され存続し、その事業の主たる事務所を日本国東京都港区赤坂 X-X-X に有する法人、X 株式会社（以下、X という）、ならびにカリフォルニア州の法律に基づき組織され存続し、その事業の主たる事務所を、米国カリフォルニア州オークランド市フランクリンストリートＸＸＸＸに有する法人、Y 国際コーポレーション(以下、Yという)との間に締結される。 ―(2)頭書

前文

X は、以下でより詳しく明記される商業車（「製品」）の安定供給を必要としており、

Y は、「製品」を X に販売することを希望している。

したがって、本契約の前提ならびに相互の誓約及び合意を約因として、本契約当事者は、次のとおり合意する。 ―(3)前文

第 1 条 定義
第 2 条 秘密保持
⋮ ―(4)本文

本契約の証として、本契約当事者は、正式に権限を有する代表者をして本書２通を締結せしめた。 ―(5)後文

(X) X 株式会社	(Y)Y国際コーポレーション
署名：＿＿＿＿＿＿	署名：＿＿＿＿＿＿
氏名：	氏名：
肩書：	肩書：
日付：	日付：

―(6)署名欄

5. 英文契約書の各項目

(1) 表題

まず、表題が、SALE AND PURCHASE AGREEMENT となっています。表題はどんなものでも構いません。AGREEMENT だけでもいいわけです。なぜかというと、あくまで審査の対象は中身であり、表題は便宜上、付けてあるだけだからです。例えば、第 1 条が Definitions、第 2 条が Confidentiality となっていますが、これら見出しも実は便宜上のものであり、「見出しによって中身を解釈してはいけない、中身は中身で解釈をすること」という断りが一般条項で付記されていることも多く見られます（p.160 参照）。

(2) 頭書

最初のパラグラフが頭書の部分です。それを見ると、THIS AGREEMENT, made and entered into ... すなわち、「本契約は締結され…」とあります。ここで made と entered into という二つの動詞が並んでいますが、こうした同義語の並列は契約書には多く見られます（詳しくは p.112 参照）。

made and entered into の次に契約の締結日（execution date）が来ます。これに対して、発効日（effective date）があります。通常、締結日 = 発効日となるのですが、契約によっては発効日が別に定められているケースもあります。

特に将来に向かってではなく、過去に遡及して発効するという場合が多く見られます。企業間の契約書では、遡及がほとんどで、早めに締結しておいて、将来発効させようなどという契約書はほとんど見られません。

過去に遡及するというケースには、契約書の交渉に手間取って、ビジネスが先行し、後付けで契約書が締結された場合、ビジネスが開始された時点に遡及して締結するというものがあります。

発効日を遡及するというのは、基本的に問題はありませんが、注意が必要なのは、締結日自体を遡及させるという場合です。最近は、契約書の管理上、締結日を遡及させると順番が割り込むことになり、内部統制上よくないということで、締結日は正しい日付にし、発効日を遡及するようにする傾向があります。

締結日の後に、by and between 以下で、契約の当事者が記載されます。ここには、当事者がどこの国の法律の下で設立され、存続しているかという記載が a company organized and existing under the laws of ～という形などで、必ず入ることになります。これは「設立の根拠法」と言っています。X株式会社の場合は、日本法に基づいて設立され存続する、Y国際コーポレーションはアメリカのカリフォルニア州法に基づき設立され存続する、となっています。

その後に今度は principal place of business（主たる事業所）ということで、主たる事業所の住所が記載されます。これにはもともとは特定する意味があり、例えば山田商会といったときに、ここが主たる事業所である山田商会ですよ、と特定するために必要だということです。

イギリス連邦の国々などでは、アルファベットとアラビア数字を組み合わせた会社の登録番号があり、それを記載します。個人の場合はどうかというと、現住所は変更されたりしますので、本籍地やパスポート番号などを使います。日本ではパスポート番号は更新されますが、欧州などではパスポート番号や運転免許証は最初に発行されると生涯更新されません。

(3) 前文

次に、WITNESSETH が来ます。「以下のことを証する」という意味ですが、「前文」と訳した方がすっきりするでしょう。これは witness（目撃する）という動詞の古語で、最後の TH は３人称単数の“S”に当たります。

WHEREAS 以下は契約本文ではないのですが、この部分は Whereas Clause もしくは Recital と呼ばれ、「X社はこうしたいからこうする、Y社はこうしたいからこうする」といったように、当事者たちが契約を締結するに至った経緯や、契約締結の目的が書かれます。

この部分が必要となるのは、第2章（p.36）でもご説明した、「約因」の存在があるためです。契約が成立するために必要な「対価関係」の内容をここで説明しておく必要があるのです。

そして、このWhereas Clauseで説明した「対価関係」、つまり「約因」を受けるのが、次のNOW, THEREFORE以下です。NOW, THEREFORE, in consideration of the premises and the mutual covenants and agreements contained herein, it is hereby agreed upon by and between the Parties as follows:（したがって、本契約の前提ならびに相互の誓約及び合意を約因として、本契約当事者は、次のとおり合意する）とあります。これでようやく、契約の具体的内容が記された本文に入っていくことができるのです。

(4) 本文（定義条項、本体条項、一般条項）

契約の本体の部分であり、契約書で定める実質的な権利義務が規定される個所です。operative provisionあるいはsubstantive provisionなどと呼ばれます。

本文は、大きく分けると、「定義条項」「本体条項」「一般条項」の三つに分類できます。

■定義条項

契約書で使用される用語の定義を定めています。「以下XXXという。」という具合に本文中で定義をしながら進める場合もありますが、このように最初に定義をまとめておく契約書も多くあります。

■本体条項

当事者の実質的な権利義務が規定されます。

■一般条項

general provision と呼ばれ、本体条項に含まれます。法的・管理的な性格の条項であり、どの種類の契約書でも必ず出てきます。詳しくは第6章を参照してください。

(5) 後文

第1条から始まって、条文が終わると、最後の結びに、IN WITNESS WHEREOF（本契約の証として）という言葉から始まる文が入ります。これはほぼ決まり文句です。この文の主旨は、「確かにこの人が署名したということを証明する」というものです。

ここでは「立会人」が必要となることがあります。特に調印式で一堂に会して署名するという場合には、相手方の代表者が署名しているのが分かりますが、持ち回りの場合は分からない。そこで立会人が必要となるわけです。立会人もここに署名します。

そして、the Parties hereto have caused this Agreement to be executed ...（本契約当事者は…締結せしめた）とありますが、どのように締結せしめたかというと、in duplicate とありますね。これは「オリジナルを２通」という意味です。３通になると triplicate、４通だと quadruplicate になります。

(6) 署名欄

最後に署名欄があります。名前は必ず「活字体で書く（print)」ことが求められます。筆記体の署名ですと判読が難しく、誰が書いたか分からないことがあるからです。実際、あまりに雑な署名ですと判読ができないこともあります。

日付ですが、同時に調印すれば、その日付になります。持ち回りで、例えばこちらの社長が先に署名してから相手方に送るといった場合は、後の日付が合意された日付ということになります。

印紙の問題もあります。締結が海外で行われた場合は原則として印紙を貼らなくてもよいのですが、例外があります。その契約の文書を日本で用意し、日本で印刷、署名して相手方に送った場合は日本の印紙税法が適用になる、という解釈を国税局は採っています。ですから、こちらで用意もしていないし、締結もしていないという状況、つまり海外の相手方が用意してこちらに送り、こちらが署名をして送り返し、相手方が署名をすれば、印紙税はかかってこないことになるでしょう。

また、契約書の署名が法的効力を持つためには、公証が必要となります（p.61のCoffee Break参照）。

さらに、代表権者に代わって代理人が署名する場合、代表権者から署名権限を委託されていることを証明する書類（委任状など→p.356参照）の提出を求められることもあります。

（7）添付書類

p.53の「英文契約書の基本構成」をご覧いただくと、最後に（7）「添付書類」があります。実はこれが非常に重要です。英語ではschedule, attachment, exhibit, annex, appendixとさまざまな言い方がありますが、特に何を使わなければいけないというのはありません。exhibitを使うケースが多いでしょう。裁判所に提出する証拠のことをexhibitと言います。なぜ添付書類が重要かというと、ひな型の中で処理しきれない部分が扱われるからです。

契約書のドラフトでは、最もその取引に近いひな型を探してきます。ところが、どうしてもそのひな型ではカバーしきれない、特殊な条件や事情が出てくるわけです。それを添付書類で処理するケースが非常に多い。もちろん、本文が修正できればそれで済むのですが、修正できない部分は別紙で済ませます。

したがって、別紙はまさに取引の特殊な部分を表しているということになります。ですから、事業部門では別紙を中心に見る、法務はひな型の方を中心に見るというような役割分担を明確にするのもよいでしょう。

添付書類は決しておまけではなく、非常に重要な契約構成要素の一つなのです。

Coffee Break

公証（Notarization）による署名の認証

契約を締結して形式的証拠力を持った文書として成立させるために、公証人が契約書の署名の認証を行う制度があります。

日本における公証は、法務大臣が任命した法律専門職の公務員のみが担当し、公証人役場で手続きを行います。契約書を持っていき、代表権を持つ人物が公証人の面前で署名をします。すると、「公証人の面前で代表者が署名をした」という公証をしてくれます。これは英文でも発行されます。

アメリカの場合は、公証人はnotary publicと呼ばれ、資格職です。銀行の各支店に資格保有者が配置されているほか、法律事務所の弁護士秘書なども多くが公証人の資格を保有しています。これら公証人の面前で署名をして、署名を認証してもらうことで、文書に形式的証拠力が与えられます。

問題は、社長などの多忙な代表権者を公証人の面前に連れて行けない場合です。その場合は部下が代わりにおもむき、「代表権者が確かに私の面前で署名をしました」と公証人の前で証明します。それを公証人が証明してくれるというわけです。

また、イギリスや、カナダなどの旧イギリス植民地国などでは、証人や立会人（witness）が要求されることがあります。例えば、Witnessed in the presence of Mr. William Brown（ウィリアム・ブラウン氏の面前において締結された）などの記載が署名欄の直後に要求されます。これは上述の公証人による署名の認証に代わるものですが、法的な効力としては公証人による認証よりも弱いものです。

第5章

英文契約書の英語

The language in English-language contracts

5-1

契約英語は難しくない

Contract English is not so difficult

1. 英文契約書は難しいという先入観を捨てる

「英文契約書の英語は難しい」という先入観をお持ちの方には、それは誤りであるとお伝えしたいと思います。それは下記の理由によります。

1. 使用する専門用語（technical term）は限られていて、一般に800から1000単語とされている。
2. プレイン・イングリッシュ（Plain English：平易な英語）の運動により、法律文書が平易な英語で作成されるようになってきている。
3. 一度表現をマスターすれば、長く使用することができる。

1については、英文契約書に使用される専門用語（technical term）は限られていて、一般に800から1000単語とされています。その数は、中学生が3年間に覚える平均的な単語数よりも少ないくらいです。

つまり、その限定された専門用語を一度、覚えてしまえば、それ以後は、見たこともないような英単語に苦しめられながら読むということはなくなるわけです。

2のプレイン・イングリッシュ（Plain English）の運動は、1970年代からアメリカで始まった運動で、法律文書などを、誰にでも分かりやすく表現することを提唱しています。平易で明確な文書を作成するのは政府や弁護士や裁判所の義務であるという考えに基づいて、さまざまなガイドラインが出されています。

３番目に挙げた、表現が長く使用できるという点も重要です。契約用語は法律用語が多いので表現を変えると意味が変わってしまい、法的なリスクが発生するため、同じ表現を長く使用します。そのため、表現についての確かな知識を一度身に付ければ、そのスキルがずっと役立つことになります。

以上から、契約英語が決して難しいものではないことがお分かりいただけたと思います。特に高い英語力が必要とされているのではなく、契約の基礎知識と必要最低限の契約英語が分かっていれば、十分に対応できるのです。

2. 英文契約書の書かれ方を知る

契約書というのは非常に読みにくいのですが、英文法のルールに従って読んでいけば、100%解読可能です。

つまり、誰が読んでも同じ表現、どこを切っても同じな金太郎飴になっているわけです。そうでなければ解釈をめぐってトラブルが起きます。そこが英文契約のよいところです。

例えば、『ハリー・ポッター』を原書で読む場合、人によって当然読み方が違ってくるでしょう。文学作品などは、あえて読み手のイマジネーションを膨らますような書き方をしています。ところが、契約書の場合、イマジネーションを入れられると困ったことになります。

したがって、契約書は英文法に非常に忠実に書かれています。私たちが中学、高校で勉強してきた文法がここで生きてくるのです。ですから、文章を読んでいく際は、必ず５文型に処理するとよいでしょう。

基本的に、S + V、S + V + C、S + V + O の３つに収めるケースが多いと思います。これを文の要素と言いますが、これ以外は修飾です。修飾語句はカギ括弧でくくって、文の要素が何かをまず把握し、そこに修飾語がどうかかってくるか、というふうに理解するとよいでしょう。

後で文章の読み方について詳しく見ていきますが、長年英文契約に携っている方で、よく経験に基づき雰囲気で読まれる方がいますが、こうした読み方だと応用編がきたときに、正確な読みが難しくなります。

ですから、英文法で文の構造と修飾語句をきちんと押さえていくという読み方が基本になります。

Coffee Break

英文契約書のドラフトはどうやって行われるか

契約書のドラフトというのは、一からドラフトするということはあり得ません。通常は、ひな型をいかにカスタマイズするかというのが鍵になります。よいひな型が見つかれば、それでほとんど仕事は終わったようなものです。

ドラフトする場合、他の契約書の一般条項を持ってきて行うことになるでしょう。最初から自分自身の表現で書くというのはなかなか大変ですので、どうしても他のひな型を使うことになります。

よく、「相手方から受け取った契約書式を無断で流用すると、著作権侵害にならないのか」と問われますが、契約書には創作性がなく、誰が書いても同じような文章になるので、著作権が成立するのは難しいでしょう。

データベースの権利、条文の順番、論理的な表現の仕方の順番などでは、著作権が成立する可能性も出てきますが、ただ、これだけ一般のひな型が出回っていると、それに創作性を認めるのは難しいのではないかと思います。

ただ、明らかなデータコピーはまずいでしょう。また、相手方からもらったものをひな型として用いる場合もあるかと思いますが、企業秘密にかかわる部分は慎重に扱わなければなりません。

英文契約書の英語表現

English expressions in English-language contracts

基本の表現

助動詞 shall/may/should/must/will/can

英文契約書で使われる助動詞には一般の英語と少し異なる点があるので注意が必要ですが、基本的に「義務」はshall、「権利」はmayで表すということは、ぜひ覚えておいてください。そもそも契約書とは当事者の義務と権利を規定するもの（両者は表裏一体ですが）ですので、英文契約書で使用される助動詞もshallとmayが中心になります。

では、以下に例外を含めて、詳しく見ていきましょう。

■shall

① 義務・強制の意味

法的強制力のある「義務」「強制」を表す場合は基本的にshallを用います。「～しなければならない」「～する」「～するものとする」などと訳されます。

また、同じ意味を持つ表現として、be required to ～、be under the obligation to ～、be obligated to ～といったものがあります。

文例

X shall sell and deliver to Y, and Y shall purchase and take delivery from X, the products as specified in Exhibit A hereto, for resale in Japan, in accordance with the terms and conditions of this Agreement.

訳例

Xは、本契約の条件に従い添付Aに記載された本製品をYに販売及び引き渡し、YはXからこれを購入、受領し、日本国内において再販するものとする。

売主であるXと買主であるYの、それぞれの義務を示しています。

もう一つ、文例を見てみましょう。

文例

Distributor shall comply with the Supplier's reasonable instructions.

訳例

ディストリビュータは供給者の合理的な指示に従うものとする。

② 禁止の意味

「禁止」「不作為義務」を表す場合は、shall notで表します。「～するものではない」「～してはならない」と訳されます。同じ意味を持つ表現として、be prohibited from ～ -ing、be not allowed to ～などがあります。

文例

Customer agrees to maintain the Information in strict confidence and, except for the right of Customer to make one (1) copy of the Software for backup purposes, Customer shall not disclose, duplicate or otherwise reproduce, directly or indirectly, the

Information in whole or in part.

訳例

本件顧客は当該情報を極秘に保持することに合意し、本件顧客がバックアップを目的として本件ソフトウエアのコピーを1部作成する権利を除き、当該情報の全部もしくは一部を問わず、直接もしくは間接的に、開示、複本の作成、その他複製を行ってはならない。

「〜をしてはならない」という「禁止」を表しています。

また参考として、shall notが「決して〜しない」という意味を表す例も以下に挙げておきます。

文例

Disclosure of the Confidential Information to Receiving Party hereunder shall not constitute any option, grant or license to Receiving Party under any patent, know-how or other intellectual property rights heretofore, now or hereinafter held by Disclosing Party.

訳例

本契約に基づく受領当事者に対する秘密情報の開示は、開示当事者が過去、現在、将来に保有するいかなる特許、ノウハウ、その他の知的財産権に対して、受領当事者にいかなる選択権、権利付与、実施権も構成しないものとする。

秘密情報の開示によって、何らライセンスなどの権利を付与するものではないとする趣旨です。

■ may

① 権利・許可の意味

「権利」を表す場合は、mayを使うのが一般的です。「〜することができる」「～する権利を有する」と訳されます。同じ意味を持つ表現に、be entitled to ～、shall have the right to ～があります。

「許可」を表す場合も may を使います。「～することができる」と訳されます。同意表現として、be allowed to ～、be permitted to ～、be able to ～などがあります。

また、may not は「禁止」も表しますが、shall not を使う方が一般的です。

文例

Disclosing Party may obtain all appropriate relief, including injunctive and equitable relief, to enforce the provisions of this Agreement.

訳例

開示当事者は、本契約の条件を行使するため、差し止めによる救済及び衡平法上の救済など適切な救済を得る権利を有する。

権利侵害された当事者は、差止請求権やエクイティ（衡平法）上の救済を得ることができる（＝権利を有する）とする規定です。

■should

should は「義務」というよりは「～するのが当然である」といった意味を表すので、shall に比べるとあいまいな言い方になります。そのため、英文契約書ではあまり使わない方がよいでしょう。

文例

Supplier should inform Distributor immediately of any changes in ownership or control of Supplier.

訳例

供給者は、供給者の所有権または経営支配権に変更が生じた場合は、直ちにディストリビュータに通知しなければならない。

■must

mustが英文契約書で使われることはあまり多くありませんが、「～しなければならない＝義務」を表す場合に用いられることがあります。

文例

Distributor must pay for the travel and accommodation costs of Manufacturer.

訳例

ディストリビュータは製造業者の旅費及び宿泊費を負担しなければならない。

■will

willは一般には意志（～する意志がある）を表しますので、英文契約書ではあまり使われることがありません。willはごくまれに、「未来の推量、見込み、期待」を表す場合に用いられることがあります。また、「義務」の意味でwillが使われることがまれにありますが、一般にshallよりは法的強制力が弱い表現とされています。

以下は、「～を試みる意志がある」という意味で使用された例です。

文例

Licensor will attempt to correct any material errors or malfunctions or other nonconformities in the Licensed Products for the term of this Agreement.

訳例

ライセンサーは、本契約の期間中、ライセンス製品に重大なエラー、不具合またはその他の不適合があった場合は、それらの修正に努めるものとする。

■can

can「〜できる」やcan not「〜できない」については、「一定の能力」を表すので、英文契約書ではあまり使用されることがありませんが、mayの代わりに使用されることはあります。

Coffee Break

“三単現”のSが頻出する

英文契約書では、動詞の三人称単数現在形を「〜とする」という意味で、つまり「〜とすることに合意する」ということを表すためによく使用します。

文例

This Master Agreement together with the aforementioned Product Schedules contains the entire understanding of the Parties with respect to the matter contained herein.

訳例

本基本契約書は、上記製品別表とともに、本契約書に記載される事項に関して両当事者の完全な了解を含むものとする。

基本の表現
接続詞 and / or

英文契約書では接続詞の and と or が至る所で使われますが、その解釈には注意が必要です。

接続詞 and は基本的に「ならびに」「及び」と訳されます。一方、接続詞 or は基本的に「または」「もしくは」「あるいは」と訳されます。

文例

The information, documents, data and/or materials provided by one Party to the other Party shall be utilized by the other Party for the purpose of performing its responsibilities and obligations under this Agreement, and shall not be disclosed to a third party other than the Parties hereto; provided, however, that such other Party may disclose such information, documents, data and/or materials to a third party when required by law or judicial or other governmental proceedings to disclose them.

訳例

一方の当事者が他方当事者へ提供した情報、文書、データもしくは資料は、他方当事者が本契約に基づく責任及び義務の履行を目的とするために使用することとする。かつ、当該他方当事者は、かかる情報、文書、データもしくは資料を本契約当事者以外の第三者に対し開示してはならない。ただし、当該他方当事者は、法律または司法もしくはその他の行政訴訟手続きにより、当該情報、文書、データもしくは資料を要求されたときは、第三者に対し開示できる。

まず一つ目の、The information, documents, data and/or materials ですが、訳文では「もしくは」としていますが、これは、and「及び」という意味と or「もしくは」という意味を両方、もしくはいずれかを選択することを表しています。しかし、これ自体にもあまり意味はありません。「漏れ」があってはいけないということで、ある意味でセイフティーネットとしてこのような書き方をしています。

次に3行目に、responsibilities and obligations とあります。これは基本のパターンです。A and B「A及びB」と素直に訳します。

次に、カンマの後で、and shall not be ... とあります。これは、前文に接続して、後の文を追加しているので、「かつ」と訳せます。

次にまた、and/or が出てきますが、これについては上記のとおりです。

そして、最後には or が2つ出てきます。ここは訳し分けが必要です。最初の or は大きいくくり、二番目の or は小さいくくりになります。

つまり、law と proceedings が同列の大きいくくり、judicial と other governmental が同列で proceedings にかかる小さいくくりとなります。

大きいくくりは「または」と訳し、小さいくくりは「もしくは」と訳します。

and にも大きいくくりと小さいくくりがあり、大きいくくりは「ならびに」を使い、小さいくくりは「及び」を使います。以下の条文を見てください。

文例

Buyer shall indemnify and hold harmless Seller, its employees, officers and directors, and their respective successors and assigns, (collectively, "Indemnitees") from and against any and all liabilities ... (略)

訳例

買主は、売主、その従業員、執行役員及び取締役、ならびにそれぞれの承継人及び譲受人（以下、総称的に「被補償者」という）に対する、すべての責任を免責し、補償する。

上記の and の関係は下記のようにまとめられます。

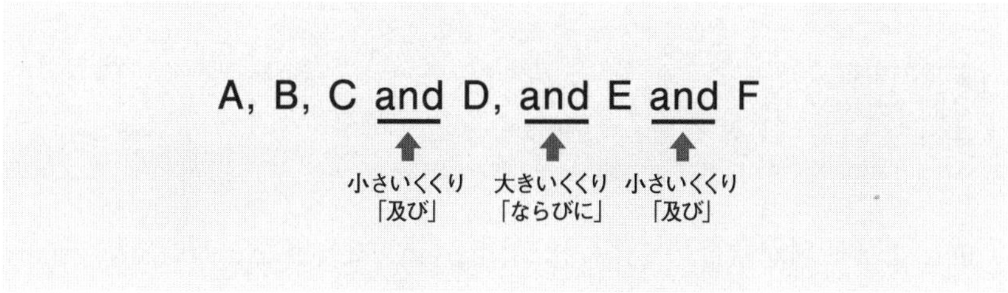
A, B, C and D, and E and F
小さいくくり
「及び」
大きいくくり
「ならびに」
小さいくくり
「及び」

一つ目は、Seller, its employees, officers and directors とありますが、「A、B、C and D」となり、小さいくくりです。これは「及び」と訳します。次の and their respective successors and assigns の最初の and は大きいくくりなので「ならびに」と訳し、二つ目の and は小さいくくりなので、「及び」と訳します。

つまり、「A、B、C及びD、ならびにE及びF」という意味を表しています。

基本の表現

接続詞 whether or not

「～であるか否かを問わず」という意味を表します。

文例

Supplier shall be entitled to cancel all orders placed by Distributor prior to the termination date, whether or not such orders have been accepted by Supplier.

訳例

供給者は、契約終了日以前にディストリビュータがなした注文の一切を取り消す権利を有するものとする。かかる注文が供給者によって承諾済みか否かは問わない。

基本の表現

指示語 here- / there-

here と前置詞が結合して作られた、hereto、hereof などの副詞や、there と前置詞が結合した thereto、thereof などの副詞は、英文契約書に頻出します。

これらは日本語でいう「指示語」に当たり、「本契約」や「当該」などといった意味を表します。

■here-

here と前置詞が結合した指示語である hereto、hereof、herein、hereby hereunder、herewith、hereinafter などにおける here は、this Agreement（本契約）、this Article（本条）を指します。

文例

WHEREAS, Y desires to purchase such products from X for resale in Territory as defined herein.

NOW THEREFORE, in consideration of the premises and mutual

covenants contained herein, the Parties hereto agree as follows:

訳例

Yは X から当該製品を購入し、後に定義される販売地域において再販することを望んでいる。

したがって、本契約に記載される前提及び相互の誓約を約因として、本契約の両当事者は、以下のとおり合意する。

まず1文目の最後のほうに、Territory の後に as defined herein とあります。この here は this Agreement を指します。ですから、herein というのは in this Agreement という意味を表します。つまり「本契約で定義されたテリトリー」という意味になります。

また、2文目の後半に、... contained herein とあります。この here も this Agreement を指します。つまり herein というのは in this Agreement という意味で、「この契約に記載される前提及び相互の誓約」として特定しているわけです。

その後、the Parties hereto とあります。この hereto というのは to this Agreement という意味になります。ちなみに、ここの Parties は「契約の当事者」という意味です。契約の当事者というのはたくさんいるわけで、特に「この契約の」当事者だという意味で、hereto が使われています。契約書の頭書部分で、hereinafter referred to as "Parties"（以下「当事者」という）として定義したうえで、この表記をすることが一般的ですが、定義をせずに「Parties = 本契約当事者」としてしまっている例も実際は多くあります。当事者を Parties で定義すれば、hereto がなくても支障はないでしょう。

このように here- は特に訳す必要がない場合も多いのですが、気になるものですので、こういう意味だと理解しておくとよいでしょう。

■there-

there と前置詞を結合した指示語である thereto、thereof などは、以前に出てきた語句を指します。直前に出てきた語句を指す場合もあれば、契約書中の語句を指すこともあります。

文例

Neither Party hereto shall assign or transfer this Agreement or any right or interest herein specified unless the other Party has given its prior written consent thereto.

訳例

本契約の当事者はいずれも、他方当事者の書面による事前同意なくして本契約自体または本契約に規定される権利もしくは利益を譲渡してはならない。

文末に prior written consent thereto とあります。この there の場合は直前の語句を指します。つまり、文前半にある assign or transfer を指しており、「assign or transfer に対する、書面による事前同意」という意味を表しています。

基本の表現

specified

英文契約書でよく使われる指示語の役割を果たす単語に specified があります。これは「記載された」という意味を表します。... as specified above「上記」、be specified in ～「～に明記された」などの形でよく使われます。

文例

Licensee shall pay the royalty as specified in the Attachment hereto.

訳例

ライセンシーは本契約の添付書類に定められたロイヤルティを支払う

ものとする。

ほかに、... (as) specified in the preceding paragraph（前記）、... specified as follows / below（下記 / 以下）、... (as) specified in the following paragraph（以下）などもよく使われます。

基本の表現

due to ～

due to ～は「～を原因として、～のために」という意味を表します。

文例

Neither Party shall be liable for failure to perform under this Agreement in the event that performance is rendered impossible due to force majeure ...（略）

訳例

いずれの当事者も…（略）…不可抗力により、義務の履行が不可能となった場合には、本契約に基づく義務の不履行について、相手方当事者に対して責任を負わない。

基本の表現

in consideration of ～

in consideration of ～は「～を対価関係として」「～を約因として」と訳されます。

文例

NOW, THEREFORE, in consideration of the premises and the mutual covenants and agreements contained herein, it is hereby agreed upon by and between the Parties hereto as follows:

訳例

したがって、本契約の前提及び相互の誓約及び合意を約因として、本契約当事者は、次のとおり合意する。

条件に関する表現

condition

conditionは一般に「条件」を表します。「条件」の例と、condition precedent（停止条件）で使用される例、condition to terminate（解除条件）で使用される例を見ていきましょう。

■条件

文例

Unless otherwise specified in this terms and conditions, payment terms are net 30 days from the date of invoice, subject to the approval of Seller's credit department.

訳例

本取引条件に別段の定めがない限り、支払条件は請求書の日付より30日以内とし、売主の審査部の承認を条件とする。

■「停止条件」

文例

The closing of this deal shall take place on January 19, 2010 on condition that the government authority has approved this deal prior to December 19, 2010.

訳例

本取引のクロージングは 2010 年 1 月 19 日に行われるものとする。ただし、政府当局が 2010 年 12 月 19 日までに本取引を承認することを条件とする。

■「解除条件」

文例

This Agreement may be terminated by Licensee upon sixty (60) days written notice to Licensor of a material breach of this Agreement if (on condition that) Licensor fails to correct or cure the material breach prior to the expiration of the sixty (60) day period.

訳例

ライセンサーが本契約の重大な違反を犯した場合、ライセンシーは、ライセンサーへの 60 日間の予告期間をもった書面通知により、本契約を解除することができる。ただし、60 日間の予告期間が終了する前に、ライセンサーがかかる重大な違反を是正または治癒した場合はこの限りではない。

条件に関する表現

subject to ～

subject to ～は「～を条件として」という意味や、「～に従って」という意味を表します。また、become subject to ～という形で「～に従う」という意味も表します。

■ ～を条件とする

> **文例**
>
> Subject to satisfaction of the Conditions Precedent, the subscription of the Capital of JVC between Company X and Company Y shall together take place in 1-1-X Chiyoda-ku, Tokyo, Japan ...（略）
>
> **訳例**
>
> 停止条件を満たすことを条件に、X社及びY社間のJVC資本の引受は…（略）…日本国東京都千代田区１－１－Xにて同時に行われる。

また、... subject to the condition that ...（～を条件として）／ subject to the approval by (of) ...（～による承認を条件として）は、相手方へ契約書ドラフトを提示する場合に仮であるとする条件を付ける場合に使います。

> **文例**
>
> Unless otherwise specified in this terms and conditions, payment terms are net 30 days from the date of invoice, subject to the approval of Seller's credit department.
>
> **訳例**
>
> 本取引条件に別段の定めがない限り、支払条件は請求書の日付より30日以内とし、売主の審査部の承認を条件とする。

その他、下記の表現もよく使われるので、挙げておきます。

subject to the approval by the Board of Directors Meeting
（取締役会の承認を条件として）

subject to the approval by the General Counsel
（法務担当役員の承認を条件として）

subject to the approval by the Legal Manager
（法務部長の承認を条件として）
subject to the approval by the Outside Legal Counsel
（外部顧問弁護士の承認を条件として）

■「～に従い」

文例

Subject to decisions of the General Meetings of Shareholders, the business of JVC shall be managed by the Board of Directors of JVC.

訳例

株主総会の決定に従い、JVC の事業は JVC の取締役会により経営される。

■「～に従う」

文例

Each Party may disclose the Confidential Information to its employees provided that each Party shall make those employees aware of its confidentiality obligations under this Agreement and shall have those employees become subject to its confidentiality obligations under this Agreement by obtaining written consents from those employees.

訳例

各当事者は、各自の従業員に秘密情報を開示することができる。ただし、各当事者は各自の従業員に対して本契約に基づき秘密保持義務があることを知らしめ、かかる従業員から書面による同意を入手して本契約の秘密保持義務に従わせるものとする。

条件・範囲に関する表現

to the extent that / so long as

to the extent that ... は so long as ～と同義で「～の限りにおいて」「～の範囲では」という意味を表します。

文例

In the event a copyright, trade secret, or patent infringement claim occurs as a result of the use of Licensed Products, Licensor shall, at its own expense, defend Licensee against such claim, to the extent that Licensor is notified of such claim within 30 days after Licensee has received such claim.

訳例

ライセンス製品を使用した結果として、著作権、企業秘密または特許の権利侵害のクレームがなされた場合、ライセンサーは、クレーム受領後30日以内に、当該クレームにつき、ライセンシーから通知を受けた場合に限り、自らの費用負担で、かかるクレームに対してライセンシーを防御するものとする。

条件に関する表現

unless otherwise agreed (in writing) ...

「別途（書面）合意のない限り」という意味を表します。unless otherwise specified (in writing) ... もよく使われます。otherwise は「その他」「別途」という意味を表します。

文例

Unless otherwise agreed in writing, Products ordered by Company Y shall be delivered to the carrier at the port of export during the delivery month.

訳例

他に書面にて合意されない限り、Y社が注文した製品は、配達月の間に輸出港の運送業者に引き渡すものとする。

文例

Unless otherwise specified in this terms and conditions, payment terms are net 30 days from the date of invoice, subject to the approval of Seller's credit department.

訳例

本取引条件に別段の定めがない限り、支払条件は請求書の日付より30日以内とし、売主の審査部の承認を条件とする。

条件に関する表現

without prejudice to ～ / for discussion purpose only

without prejudice to ～は「～の権利を害することなく」という意味です。相手方に和解提案をする場合に、仮であり、申込みとしての法的拘束力を持たないことを条件とするために用います。類似の表現に for discussion purpose only（議論の目的に限定される）があります。

いずれも、他に「～に影響を与えることなしに」という意味も表します。

■ without prejudice to ～

文例

Without prejudice to our company's contractual rights and duties, our company hereby submit the attached contract draft to your company for your review and discussion.

訳例

当社は貴社に検査及び検討のために添付の契約書案を提出する。ただし、当社の契約上の権利義務を損なわないことを条件とする。

文例

Without prejudice to Clause 9 hereof (IP Indemnity), in any event the entire liability of Licensor in respect of any claims made by Licensee shall be limited to the royalty paid by Licensee for the Products.

訳例

ライセンシーのいかなるクレームに対しても、ライセンサーの全責任は、ライセンシーが本件製品に支払ったロイヤルティを超過しないものとする。ただし、本契約の第９条（知的財産権の免責）を放棄しないことを条件とする。

■ for discussion purpose only

文例

This settlement proposal is made to your company for discussion purpose only.

訳例

本和解案は検討のみを目的として貴社に提示する。

条件に関する表現

provided (that) / provided, however, that ...

「例外」や「条件」を示す表現です。「ただし～とする」「ただし～を条件とする」と訳します。

■「例外」

文例

Supplier shall supply the Products only to Distributor for resale in the Territory, provided that Supplier reserves the right to supply the Products directly to ABC Company in the Territory;

訳例

供給者は、販売地域内での再販を目的として、製品をディストリビュータのみに供給するものとする。ただし、供給者は販売地域内のABC社へ直接製品を供給する権利を留保する。

■「条件」

文例

Supplier shall have the right to enter the premises of Distributor, provided, however, that 14 days prior written notice shall be given to Distributor.

訳例

供給者は、ディストリビュータの敷地内に立ち入る権利を有する。ただし、ディストリビュータに対して14日前に書面による通知を行うものとする。

義務に関する表現

best efforts / best endeavors

いずれも、「最善の努力」という意味を表します。「行為義務」よりもゆるやかな意味で使われます。use、do、exercise などの動詞とともに、do best efforts / exercise best endeavors といった形で用いられ、「最善を尽くす」という意味を表します。

他に、reasonable efforts（合理的な努力）や、commercially reasonable efforts（商取引上合理的な努力）という形で使われることもあります（p.324 も参照）。

文例

Supplier shall use its best efforts to correct any material errors or malfunctions or other nonconformities in the Licensed Products for the term of this Agreement.

訳例

供給者は本契約の期間中、ライセンス製品において重大なエラー、不具合またはその他の不適合があった場合、それらの修正に最善を尽くすものとする。

責任・保証に関する表現

indemnify / hold harmless

（主語の）当事者が（目的語の）当事者を免責する（損害賠償責任を負わせた場合に迷惑を掛けない）という趣旨で使用されます。

文例

Distributor shall indemnify, defend and hold harmless Supplier against any loss, cost or expense incurred by Supplier arising from any breach of duty in this Agreement by Distributor.

訳例

ディストリビュータは、本契約の義務違反により供給者が被る損失、費用または経費の一切から、供給者を免責、防御し、補償するものとする。

責任・保証に関する表現

represent and warrant

「表明し、保証する」という意味です。下記の条項により、保証違反があった場合に法的責任を負うことになります。

文例

X hereby represents and warrants to Y that the Company A is incorporated and existing under the laws of Japan.

訳例

X社はY社に対して、A社が日本国法に基づいて法人化され存続していることをここに表明し保証する。

責任・保証に関する表現

responsibility / liability / duty / obligation

これらはすべて「義務」を表します。responsibilityは広義の責任、liabilityは法的責任、dutyは「契約上の義務」を示します。obligationは「契約上の義務及び法的な義務」はもちろん、「道義的な義務」をも含む広い表現です。ご参考までに、日本語の「義理」はobligationと訳すことができます。

また、be responsible for ～や be liable for（to）～も「～に対して責任がある」という意味でよく使われます。なお、accountability は「説明責任」を指します。

文例

The Parties declare that they have taken all necessary action to exercise their rights and perform their obligations under this Agreement.

訳例

両当事者は、本契約に基づく両当事者の権利の行使及び義務の遂行のために、必要なあらゆる措置を講じたことを明言する。

文例

Supplier shall be liable to Distributor for any consequential loss or damage.

訳例

供給者は、結果的に生じたいかなる損失または損害に対しても、ディストリビュータに責任を負うものとする。

責任・保証に関する表現

jointly and severally ↔ individually

jointly and severally は二語で「連帯して（債務を負う）」という意味を表します。jointly は「連帯的に」、severally は「個別に、個々に」を表します。反対語は individually で「分割して（債務を負う）」という意味を表します。

文例

X and Y shall be jointly and severally responsible for the debts owed by the joint venture company.

訳例

X社及びY社は、合弁企業が支払うべき債務に対して、連帯して責任を負うものとする。

法的拘束力に関する表現

not legally binding

legally binding で「法的拘束力のある」という意味を表します。否定の not が付いているので、「法的拘束力のない」と訳します。

文例

This Memorandum is not legally binding in any respect.

訳例

本覚書は、何ら法的拘束力を有するものではない。

法的拘束力に関する表現

enforceable, enforceability ↔ unenforceable, unenforceability

enforceable は「(法的に) 強制できる」、enforceability は「(法的) 強制力」を表し、反義語が unenforceable (強制し得ない)、unenforceability (強制不可性) です。同義語として、invalid (無効である) や illegal (違法である) なども使われます。

文例

If any part of this Agreement becomes unenforceable, the Parties shall negotiate and agree the terms of a mutually satisfactory provision to be substituted for the unenforceable provision in this Agreement.

訳例

本契約の一部の条項が法的拘束力を持たなくなった場合、両当事者は、かかる条項に代わるものとして、双方が満足する条件を交渉のうえ、合意するものとする。

契約締結に関する表現

execute / make / conclude / enter into

いずれも、契約や法律文書を「締結する」という意味を表します。

■ execute

文例

IN WITNESS WHEREOF, the Parties hereto have caused this Letter of Intent to be executed in duplicate on the date first written above.

訳例

上記の証として、両当事者は、冒頭記載の日付にて、本書２通を締結せしめた。

■ made and entered into ～（重複表現。p.112も参照）

文例

This Agreement, made and entered into between Company X and

Company Y ...（略）

訳例

本契約はX社とY社の間で締結され…（略）

列挙に関する表現

including, without limitation ↔ including, with limitations

including, without limitation は「以下を含むがこれに限定されない」という意味を表す、「例示列挙」の表現です。

including, but not limited to ... や including, with no limitation, ... という形も使われます。同様に、such as ... も「以下を含みそれに限定されない」という意味で用いられ、「例えば」などと訳します。

他方、including, with limitations, ...（以下を含みそれに限定される）は、「限定列挙」の表現と呼ばれます。これは、列挙する具体例以外のことは含まないということを明確に示すために使います。

文例

Manufacturer shall support delivery relating to the distribution and sale of the Products in the Territory including but not limited to the sale of the Products through Distributors' dealer.

訳例

製造者は、ディストリビュータのディーラーを介した製品の販売を含む（ただしこれに限定されない）販売地域における当該製品の流通及び販売に対し、引渡しを支援する。

権利の法的性質に関する表現

exclusive と non-exclusive

exclusive が「独占的な」、non-exclusive は「非独占的な」という意味を表します。例えば「ディストリビュータ契約」でディストリビュータに販売権を与える場合には、exclusive（独占的）販売権を付与するか、non-exclusive（非独占的）販売権を付与するかが重要なポイントになります（詳細は p.246 を参照）。

また、sole（唯一の）という表現も exclusive と実質的に同じ表現ですが、exclusive とは区別して使います。

文例

Supplier appoints Distributor as its exclusive distributor for the promotion, sale and distribution of the Products within the Territory.

訳例

供給者は、ディストリビュータを、販売地域内において本製品の宣伝、販売及び流通を行う独占的ディストリビュータに指名する。

選択権に関する表現

at one's option / at one's choice / at one's（sole）discretion

いずれも「その裁量、選択により」という意味を表します。discretion は「裁量」を表します。sole が入ると「単独の裁量により」という意味になり、より裁量の度合いが強くなります。

文例

If a copyright claim has occurred as a result of the use of Licensed Products, Licensor may at its option: (i) procure for Licensee the right to continue using the Licensed Products; (ii) replace the Licensed Products with functionally equivalent non-infringing Licensed Products; or (iii) modify the Licensed Products so as to become non-infringing.

訳例

ライセンス製品の使用の結果、著作権のクレームが生じた場合、ライセンサーはその裁量により、以下のいずれかを行うことができる。(i) ライセンシーがライセンス製品の使用を継続できる権利を入手する、(ii) ライセンス製品を同等の機能を持ち、権利を侵害していない製品と交換する、または (iii) 権利を侵害しないようライセンス製品を改変する。

推定・法的擬制に関する表現

consider / presume / deem / regard / treat

これらは類語ですが、それぞれ以下の意味を持ちます。

consider ＝検討する、熟考する

presume ＝推定する

deem ＝みなす

regard ＝みなす

treat ＝みなす、扱う

ここで注意すべきは「反証」との関係です。presume（推定する）は、事実が推定されているだけですので、反証があれば覆すことが可能ですが、それに対して、deem（みなす）の方は、事実が法的に擬制されますので、反証が認められないことになります。consider、regard、treat にはそのような法的な意味はありません。

> **文例**
> Any notice given according to this procedure shall be deemed to have been given at the time of delivery and when received.
> **訳例**
> 本手続きに従って行われる通知は、配達され受領された時点でなされたとみなされるものとする。

費用負担に関する表現

at one's own expense / at one's own account

at one's own expense や at one's own account は「その当事者の費用負担で行う」という趣旨であり、at the expense of ～や at the account of ～も同様の意味を表します。

また、at one's own risk は「自己のリスクにおいて、危険を自己負担して」を表します。

> **文例**
> If a patent claim has occurred as a result of the use of Licensed Products, Licensor shall, at its own expense, defend against such claim.
> **訳例**
> ライセンス製品の使用の結果、特許侵害の申立てがなされた場合、ライセンサーは、自己の費用で、当該申立ての防御をするものとする。

期限・期間・頻度を表す表現
terminate と expire

terminateは狭義で契約の「解除」、広義で契約の「終了」（有効期間満了による「契約の終了」を含む）を表します。一方、expireは有効期間満了による契約の「終了」を表します。

文例

Supplier may terminate this Agreement forthwith by notice in writing if Distributor fails to perform any of its duties under this Agreement.

訳例

供給者は、ディストリビュータが本契約に定める義務の履行を怠った場合、書面で通知し直ちに本契約を解除できる。

期限・期間・頻度を表す表現
immediately ほか

immediatelyは「すぐに、直ちに」という意味を表します。時限を示す表現は多くありますが、それぞれが訴える「緊急性」は少しずつ異なりますので、その違いを理解しておく必要があります。以下、時限を示す表現を緊急性の高い順に挙げておきます。

緊急性

高

immediately = 直ちに
instantly = 直ちに
forthwith = 直ちに
promptly = 早急に
ASAP = as soon as possible = できる限り早く（可及的速やかに）
within (a) reasonable time = 合理的な時間内に
without delay = 遅滞なく
in due course = 程なく
at one's earliest convenience =ご都合のよいときに

低

文例

Licensor may terminate this Agreement immediately by written notice if Licensee fails to perform any of its duties under this Agreement.

訳例

ライセンサーは、ライセンシーが本契約に定める義務の履行を怠った場合、書面で通知し、直ちに本契約を解除できる。

期限・期間・頻度を表す表現

prior to ～

「～の前に」という意味を表します。

文例

In the event of termination of the Licensed Products due to such infringement, Licensor shall refund the License Fees paid by

Licensee for the Licensed Products, reducing the refund by 1/5 for each year, following delivery of the Licensed Products prior to the injunction.

訳例

かかる侵害によりライセンス製品の終了が生じた場合、ライセンサーは、差止命令以前に行われたライセンス製品の引渡し以降の期間、ライセンシーが支払ったライセンス製品のライセンス料を返金するものとする。その際、ライセンス製品の各年のライセンス料を５分の１減額して返金するものとする。

期限・期間・頻度を表す表現

simultaneously

「～と同時に」という意味を表します。

文例

Seller shall deliver the receipt for payment, simultaneously with the delivery of bank check by Buyer to Seller.

訳例

売主は、買主から銀行小切手を受領したと同時に領収証を発行するものとする。

期限・期間・頻度を表す表現

subsequently

「～の後に」という意味を表します。

文例

The information subsequently becomes lawfully into the possession of such Party from a third party.

訳例

情報はその後、第三者からかかる当事者に合法的に取得される。

期限・期間・頻度を表す表現

from time to time

「時々」という意味を表します。

文例

Seller shall, from time to time, sell the Products to Buyer.

訳例

売主は、随時、製品を買主に販売するものとする。

期限・期間・頻度を表す表現

prior written notice

prior written notice で「事前書面通知」を表します。prior は「事前の」、written は「書面による」、notice は「通知」の意味です。

文例

Supplier shall provide 14 days prior written notice to Distributor in case Distributor fails to perform its duties under the Agreement.

訳例

供給者は、ディストリビュータが本契約に定める義務の履行を怠った場合、ディストリビュータに対して14日前の書面通知を行うものとする。

損害の種類を表す表現
damage

damage（損害）には、いくつかの分類方法や種類があります。また、damage は複数形 damages で「損害賠償金（額）」を表します。下記に一部を挙げておきます。

direct damage ＝直接損害

indirect, consequential damage ＝間接、結果的損害

actual damage ＝実損害

incidental damage ＝付随的損害

punitive damages ＝懲罰的損害賠償額

compensatory damages ＝填補的損害賠償額

文例

Supplier shall not be liable to Distributor for any indirect or consequential loss or damage, costs, expenses or other claims for compensation.

訳例

供給者はディストリビュータに対して、いかなる間接的または結果的損失もしくは損害、費用、経費またはその他の求償について、一切の責任を負わないものとする。

その他の重要表現

remedy at law and in equity

「コモン・ロー及び衡平法における救済方法」と訳します。law というのは、common law を指します。また remedy は「救済」を表します。

文例

This Agreement constitutes legal obligations of Representing Party enforceable against Representing Party, subject to the common laws and general principles of equity.

訳例

本契約は、コモン・ロー及び衡平法の一般原則に従い、代表当事者の法的義務を構成するものであり、かかる法的義務は代表当事者に対して法的強制力を有するものである。

その他の重要表現

notwithstanding ～

「～にもかかわらず」という意味を表します。前述事項との矛盾を示し、それを優先することを示す場合に使用されます。

また、without prejudice to ～（～の権利を害することなく）と同じ意味で使われることもあります。

文例

Notwithstanding Article 9 hereof (IP Indemnity), this limited liability provision shall apply.

訳例

本契約第９条（知的財産権の免責）の定めにかかわらず、本有限責任条項は適用される。

その他の重要表現

as the case may be

「場合に応じて」という意味です。

文例

In this Agreement, any reference to a clause or schedule is to a clause or schedule, as the case may be, to this Agreement.

訳例

本契約において、条項または添付書類に言及している場合、それは適宜、本契約の条項または添付書類を意味する。

その他の重要表現

at the request of～（upon one's request）

「～の要求に従い」という意味です。

文例

At the request of Disclosing Party, Receiving Party shall immediately return the Confidential Information to Disclosing Party.

訳例

開示当事者の要請があった場合、受領当事者は直ちに秘密情報を開示当事者に返還するものとする。

その他の重要表現

on the basis of ～（on a ～ basis）

「～を基準として、～の条件で」という意味を表します。

文例

Both Parties shall discuss and agree on the minimum purchase volume for the next fiscal year, on the basis of this fiscal year's actual sales results.

訳例

両当事者は、本年度の実際の販売実績に基づいて、翌年度の最低購入量を検討のうえ、合意するものとする。

その他の重要表現

for the purpose of ～ （for purposes of ～ ）

「～を目的として」という意味を表します。

文例

Licensee shall have the right to use the Licensed Products solely for the purpose of its own internal use.

訳例

ライセンシーは、本ライセンス製品を自らの社内使用のためにのみ使用する権利を有する。

その他の重要表現

currently available version

「最新版」という意味を表します。current release も同義です。

文例

Any failure by Licensee to use the currently available version of the Licensed Products shall void the obligations of Licensor under this Agreement.

訳例

ライセンシーが本ライセンス製品の最新版を使用しない場合、本契約に定めるライセンサーの義務は無効とする。

その他の重要表現

T.B.A.=to be advised / to be agreed

別表などで合意が済んでいない項目について、ブランクを避けるために用いられます。別途通知されたり合意されたりする予定の項目に記載されます。

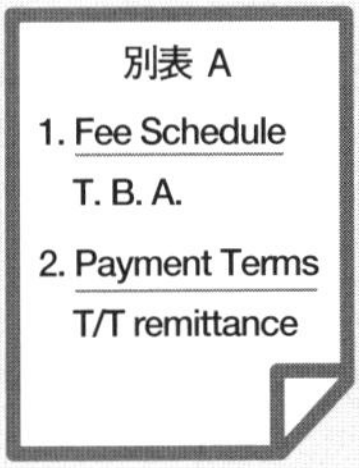

その他の重要表現

... in accordance with Incoterms 2000 as amended thereafter

「2000 年版及びその後の改訂版を含むインコタームズに従って」と訳します。in accordance with ～は「～に従って」、as amended thereafter は「その後改訂された場合には最新版を指す」という意味を表します。

文例

Seller shall deliver the Products to Buyer on EXW basis, in accordance with Incoterms 2000 as amended thereafter.

訳例

売主は、2000 年版及びその後の改訂版を含むインコタームズに従って、工場渡し条件で製品を買主に引き渡すものとする。

その他の重要表現

in favor of ～

「～を受益者として」という意味を表します。

文例

The letter of credit shall be issued in favor of Seller by the agreed date.

訳例

信用状は、同意した日付で売主を受益者として発行されるものとする。

数量を表す表現

■アラビア数字とアルファベットの併記

英文契約書において数字を記載する場合は、改ざんを防ぐために、アラビア数字とアルファベットを併記することが多く見られます。例えば、forty (40) や seventeen (17) というように書かれます。

では、アラビア数字とアルファベットが併記されている場合に、いずれを優先するべきでしょうか。

これは、英文の手形や小切手の金額表記でも同じですが、アルファベットが優先します。アルファベットならば、アラビア数字のように桁を誤ったり、改ざんされたりする可能性が低いからです。

文例

1.1 Company X and Company Y shall cause a joint venture company (hereinafter referred to as "JVC") to be incorporated under the name of XY Corporation with an initial authorized capital amount of One Hundred Million Japanese Yen (¥100,000,000.00) divided into One Hundred Thousand (100,000) ordinary shares of One Thousand Japanese Yen each and an initial issued share capital of Fifty Million Japanese Yen (¥50,000,000.00) subscribed for and issued to Company X and Company Y, in accordance with the following amount:

訳例

→ p.275 参照

■数量の範囲を示す表現

契約書において、数量の範囲を示す表現は多く使われますが、英語では日本語よりも厳密に表現されます。

例えばmore than 100の場合、「100を超えて」、つまり「100を含まず、それ以上」という意味になります。では「100以上」を英語でどう表現したらよいかというと、not less than 100あるいはよりスマートに100 or moreと表現します。

このように、表現一つで規定内容が違ってくるため注意が必要です。以下に主な数量の表現を挙げておきますので、参考にしてください。

(1)「～以上」「～以下」＊その数字を含む

「100以上＝100を含み、それ以上」

not less than 100

100 or more

「100以下＝100を含み、それ以下」

not more than 100

100 or less

(2)「～を超えて」＊その数字を含まない

「100を超えて＝100を含まず、それ以上」

more than 100

over 100

(3)「～未満」

「100未満の＝100に満たない」

less than 100

■日付などを表す表現

年月日の記載パターン

例えば、2009年1月19日を記す場合に、契約書では、「西暦、月、日」

をどういった順番で記載すべきでしょうか。

欧州の書き方は、「日、月、西暦」と日本の正反対になり、19th day of January, 2009 となります。アメリカは、「月、日、西暦」（January 19, 2009）の順が一般的ですが、最近は欧州型へそろえて「日、月、西暦」とする場合も多くなっています。

読み手に誤解されないことが第一ですので、どの方式でも構いませんが、誤読を防ぐために「月」についてはJanuaryのように、スペルアウトしましょう。

期間を表す表現

期間、期限を表す表現にも注意が必要です。

まず、最も基本的な表現としては、日付を特定する、on ～（～[日]に）や as of ～（～[日]現在）です。

THIS AGREEMENT, made and entered into on the first day of January, 2009（売買基本契約書。訳は p.207）や、THIS AGREEMENT, made and entered into as of this 10th day of May, 2009（秘密保持契約書。訳は p.179）といった形で用いられます。

その他、重要な表現を挙げておきますので、参考にしてください。

(1)「～まで」

until / till

＊その日を含むかどうかを明確にするには、including（当該日を含む）や excluding (当該日を除外する) を加えます。

「2009 年 3 月 1 日まで」

until / till (and including) March 1, 2009 ＊当該日を含む

(2)「～までに」

by / before

「2009年3月1日以前に（までに）」

by / before (and including) March 1, 2009 ＊当該日を含む

文例

Licensee is required to make performance under this license before and including March 1, 2009 …（略）

訳例

ライセンシーは義務の履行を本ライセンスに基づき2009年3月1日までに要求されるものとする。

(3)「～内に」

within

文例

Licensee must notify Licensor in writing, within ninety (90) days after the delivery of the Software to Licensee, of any such defect.

訳例

ライセンシーは、欠陥があった場合には、ライセンサーに対し、ライセンシーへの本ソフトウェアの引渡日から90日以内に、書面にて通知しなければならない。

(4)「～日間」

for a period of ～ / for ～ period(s) / for duration of ～

文例

This Agreement shall be renewed automatically for further twelve

(12) month periods …

訳例

本契約は、12ヵ月宛に自動的に更新される。

(5)「〜から」

from / after

＊その日を含むかどうかを明確にするには、including（当該日を含む）や excluding (当該日を除外する) を加えます。例えば after の場合、after and including（〜以後の）となります。ただし「〜から」については、当該日を含むか含まないかがあいまいになっていても、実際上は問題ないので、including / excluding の使用頻度は、until / till や by / before におけるほど高くはありません。

文例

Y shall provide, to X, purchase volume forecast for the Products by the end of each month for the period of twelve months from the month after the next.

訳例

Y は X に対し、その翌々月から12ヵ月間の期間に対する本製品の購入数量予測を毎月末日までに提出する。

■calendar day（暦日）とbusiness day（営業日）

契約において、ある期間を設定し、その日にちが経過したら解除できるとした場合の「期間」が指すのは、calendar day（暦日）なのか business day（営業日）を意味するのかは非常にあいまいで、論点となりやすい部分ですので注意が必要です（p.139 参照）。

同義語・類語の重複

英文契約書には同義語・類語の並列が多く見られ、これでもかというくらい同じ表現が繰り返されます。これはもともと、一つの単語で表せる意味が限られているためです。そこで、漏れのないように複数の単語を併記しています。

訳すポイントとしては、以下のとおりです。

1. **同義語はまとめて一語で訳す（意訳する）。**
2. **類義語で意味に差異がある場合や、訳出しても不自然でないものは、すべて訳す。**

もっとシンプルに一言で書いてくれればよいのですが、これが契約書の慣習となっています。では、以下に例を見ていきましょう。

■made and entered into

文例

THIS AGREEMENT, made and entered into this XXth day of April, 20XX ...（略）

訳例

本契約は、20XX 年 4 月 XX 日に締結され…（略）

最初のパラグラフを見ると、THIS AGREEMENT, made and entered into ... すなわち、「本契約は締結され…」とあります。ここで made と entered という 2 つの動詞が並んでいます。厳密には、(be) made は「作成された」、(be) entered into は「締結された」という意味ですが、ここではまとめて「締結された」の一語で訳します。これは決まり文句ですので、覚えてしまいましょう。

このように、同義語が並列されているときは1語1語を訳出する必要のない場合がほとんどですので、訳すときには注意が必要です。

■null and void

文例

Should any provision of this Agreement be deemed to contradict the laws of any jurisdiction where it shall be performed or to be unenforceable for any person, such provision shall be deemed null and void, but this Agreement shall remain in force in all other respects.

訳例

本契約のいかなる条項も管轄法域の法律に抵触する、または何人に対しても法的拘束力を持たないとみなされた場合には、当該条項は無効とみなされる。ただし、本契約は他のすべての面においては有効に存続するものとする。

3～4行目にnull and voidとあります。nullもvoidも「無効である」という意味を表しますが、これも決まり文句なので一語で「無効である」と訳します。

■amend, alter, change or modify

文例

Entire Agreement

This Agreement constitutes the entire and sole agreement between the Parties and supersedes all previous negotiations, discussions, agreements and commitments with respect to the subject matter hereof. This Agreement shall not be amended, altered, changed or modified in any manner, except by an instrument signed by the duly authorized representative of each Party.

訳例

完全合意

本契約は、両当事者の完全かつ唯一の合意を構成し、本契約の事項に関する契約以前のすべての交渉、討議、合意及び公約に優先する。本契約は、各当事者の正当に授権された代表者が署名した文書なくしていかなる方式においても変更されない。

表題に Entire Agreement（完全合意）とあります。この条項については、p.146 の一般条項の所で詳しくご説明しますが、ここでは同義語の繰り返しという点から、この条項の性格に少し触れたいと思います。

「完全合意」とは、あくまで契約書締結時までの完全合意であり、将来の契約変更を排除するものではありません。変更は簡単にできてしまうのです。

そこで、こうした変更が簡単にできないようにするため、4行目から、This Agreement shall not be amended, altered, changed or modified ... と追記されています。

この amend、alter、change、modify は「変更する」という同義語です。ただし、ニュアンスは微妙に異なります。

amend は「小さな修正をする」、modify は「小さな変更、修正をする、改変する」という意味を表します。一方、alter にはもともと「置き換える」という意味があり、「大きな変更をする」という意味を表します。change は「小さな変更」も「大きな変更」も含めた一般的な「変更」の総称です。

しかし、これを一つ一つ訳していくと、おかしな訳文になりますので、ここでは「変更」の一語でまとめてよいでしょう。

なお、rectify は「修正する」を表します。

■ information, documents, data and/or materials

文例

Confidentiality

The information, documents, data and/or materials provided by one Party to the other Party shall be utilized by the other Party for the purpose of performing its responsibilities and obligations under this Agreement, and ... (略)

訳例

秘密保持

一方の当事者が他方当事者へ提供した情報、文書、データもしくは資料は、他方当事者が本契約に基づく責任及び義務の履行を目的とするために使用することとする。かつ…（略）

このConfidentiality（秘密保持）の文頭にThe information, documents, data and/or materials ... と、ここにも同じような単語が並べてありますが、この場合には各単語の意味に明確な違いがありますので、「情報、文書、データもしくは資料」とすべて訳出した方がよいでしょう。

■ defectとmalfunctionとの違い

defectとmalfunctionは区別して用いられます。defectは「欠陥」、malfunctionは「(欠陥を含む) 不具合」を表します。自動詞のmalfunctionは「正常に機能しない」という意味を表します。

(1) defect（欠陥）

> **文例**
> Seller warrants to Buyer that the Products shall be free from defects.
> **訳例**
> 売主は買主に対し、製品に欠陥がないことを保証する。

(2) malfunction（［欠陥を含む］不具合／正常に機能しない）

> **文例**
> Any of the Licensee's equipment causing defects in the Licensed Products shall be deemed malfunctioning.
> **訳例**
> ライセンス製品に欠陥を引き起こすライセンシーのいかなる設備も正常に機能していないものとみなされる。

■ substantially similar と the same

substantially similar は「実質的に同様な」という意味を表し、the same（同一の）に対する対案として使われることがあります。

> **文例**
> Licensee shall execute license agreements with sub-licensee customers in a form which is the same as or substantially similar to that based on the terms and conditions of this Agreement.
> **訳例**
> ライセンシーは、本契約の条件に基づくものと同一のまたは実質的に同様の形式で、サブライセンシーとなる顧客とライセンス契約を締結するものとする。

■ provide / set forth / stipulate / specify / state / define

いずれも、「規定する」という意味を表します。ただし、provideには「提供する」という意味もあるので注意しましょう。

(1) 規定する

文例

This Agreement shall remain in force for the term provided for on the attached Product Schedules unless terminated as provided in this Agreement.

訳例

本契約は、本契約に定めるところにより解除されない限り、添付の製品別表に定める期間効力を有するものとする。

(2) 提供する

文例

Licensee shall provide Licensor with the location, model and serial number of all CPUs on which the Licensed Products are being utilized.

訳例

ライセンシーは、ライセンス製品が使用されるすべてのCPUの場所、モデル、シリアルナンバーをライセンサーに提供するものとする。

■attachment / exhibit / schedule / annex / table

いずれも、「添付書類」を意味します。

文例

The Schedules as attached hereto shall constitute an integral part of this Agreement.

訳例

　本契約に添付される別表は、本契約の不可欠な一部を構成するものとする。

■proprietary right / title / right / interest

いずれも「法的権利」を意味します。proprietary right は「財産的権利」、title は「権原、所有権」、right は「権利」、interest は「利益」と訳します。

文例

Licensee shall have no proprietary right, title, or interest in the Licensed Products, except as expressly set forth in this Agreement.

訳例

　本契約に明記のない限り、ライセンシーはライセンス製品の財産権、所有権または利益を有しない。

Coffee Break

英文契約書における古語や外来語

英文契約書には、古語や外来語が使用されます。以下はたびたび用いられますので、知っておく必要があります。

（1）古語

WITNESSETH（以下を証する→前文）

（2）ラテン語

vice versa（逆もまた同様）

per annum（1 年につき）＊ yearly と同義。

in lieu of ～ (～の代わりに)　＊ instead of ～と同義。

mutatis mutandis（準用して）

（3）フランス語

force majeure（不可抗力）

第6章

英文契約書の重要条項

Important provisions in English-language contracts

6-1

一般条項とは

What are the general provisions?

1. 一般条項とは

「一般条項（general provision）」とは取引に特有でない条項を指します。一般条項は、すべての契約書に共通して用いられています。以下に列挙するように、法律的・管理的性格を持っているものが多くあります。

また、一般条項の種類は限られていて、それぞれには決まった型があります。

さらに最近では、特にIT業界などの契約書で、一般条項をかなり省略しているものも見られるようになってきました。また、契約書によっては、最後のほうに一般条項だけをまとめているものもあります。

ですから、一般条項を一度マスターしてしまえば、契約書の重要な個所の一部をすでによく理解していることになるので、契約書を読むのがとても簡単に感じられることでしょう。

2. 一般条項と実質条項を見分ける

(1) 売買基本契約書から「一般条項」を探してみる

皆さんにまず演習をしていただきたいと思います。本書p.206の商品売買の基本契約書をご覧ください。各条項の見出しだけを見て、一般条項はどれかを探し出してみてください。

まず第１条 Definitions（定義）ですが、だいたいどの契約書にも出てきますので、一般条項といえるでしょう。

第２～８条は売買契約に特有の条項です。第７条 Payment（支払い）はすべての取引に共通するから一般条項だと主張する方もいますが、支払いが発生しない契約もあるため、厳密には一般条項とはいえないでしょう。

続いて、第９条は Confidentiality（秘密保持）といって、どの種類の契約書にも出てくる一般条項です。取引の中で開示される秘密情報については保持をするというものです。

一般条項は終わりの方にまとめて持ってくることが一般的です。そのため、一個条でも発見できれば、そこから最後まではすべて一般条項という場合が多いのですが、実はこの第９条から最後の第 24 条まではすべて一般条項です。

そうしますと、一般条項の数は、最初の第１条と、第９条以降を加えると、全部で 17 個条になる。この契約書は全部で 24 個条から成るので、３分の２以上が一般条項になります。つまり、一般条項をしっかり勉強しておけば、残りの３分の１についてじっくり審査すればよいということなのです。

一般条項の記載例

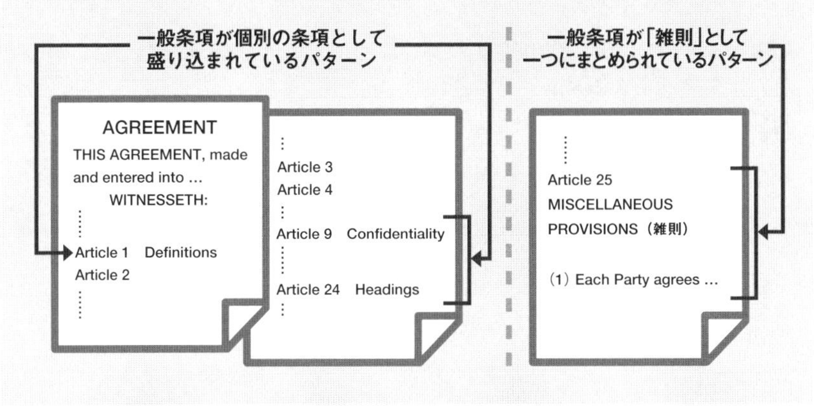

3.一般条項の種類

下記(1)から(17)の条項はp.206の「売買基本契約書例」より、(18)はp.193の「秘密保持契約書」より抽出しています。

一般条項を読む

Understanding general provisions

(1) 定義

「売買基本契約書」(p.206) と「秘密保持契約書」(p.193) から引用した条項については、引用元の条項番号に対応しています。

条項例

Article 1. Definitions

In this Agreement, the following ① words and terms shall have the following meanings, unless the context requires otherwise: ②

1.1 "Products" shall mean the machinery and equipment which X designs and manufactures, as specified in Exhibit A ③ as attached hereto ④.

1.2 "Territory" shall mean the geographical area of the USA.

訳例

第1条 定義

本契約においては、以下の用語は文脈上他の意味に解釈されない限り、以下の意味を有する。

1.1「本製品」とは、本契約に添付される別添 A に記載のとおりの仕様を有するものであり、かつ、X が設計・製造する機械及び器具を意味する。

1.2「販売地域」とは、米国の地理的な領域を意味する。

語句チェック

① following　次の～
② unless the context requires otherwise　文脈上他の意味に解釈されない限り
※ unless ～ otherwise は定型句。「別に～でない限り」と訳す。
③ as specified in Exhibit A　別添 A に記載のとおり
※ specified については p.78、Exhibit については p.118 参照。
④ attached hereto　本契約に添付される
※ hereto の here は this Agreement を指す。つまり attached to this Agreement の意。詳細は p.76。

■ 解説

「定義」は、契約書で使用される言葉について、文字どおり、定義するための条項です。契約書によっては文中でその都度定義していく場合に省かれることもありますが、多くの契約書に入ってきます。

英文中で大文字から始まる単語（Products、Territory）は、定義されたものです。中には、すべてを大文字で書くこともあります。日本語に訳す場合ですが、日本語には大文字と小文字の別がありませんので、Products ですと、カギ括弧でくくったり、あるいは本件製品や本製品というように下線を引いたりすることで、通常の製品と区別しています。

Territory（販売地域）は混同することがないので、特別な表記をしないことも多いのですが、より慎重に訳すならばカギ括弧でくくったり、本販売地域というように下線を引いたりします。

(2)秘密保持

条項例

Article 9. Confidentiality

The information, documents, data and/or materials provided by ① one Party to the other Party shall be utilized ② by the other Party for the purpose of performing its responsibilities and obligations ③ under this Agreement, and shall not be disclosed ④ to a third party other than ⑤ the Parties hereto ⑥; provided, however, that ⑦ such other Party may disclose such information, documents, data and/or materials to a third party when required by law or judicial or other governmental proceedings ⑧ to disclose them.

訳例

第９条　秘密保持

一方の当事者が他方当事者へ提供した情報、文書、データもしくは資料は、他方当事者が本契約に基づく責任及び義務の履行を目的とするために使用することとする。かつ、当該当事者は、かかる情報、文書、データもしくは資料を本契約当事者以外の第三者に対し開示してはならない。ただし、当該他方当事者は、法律または司法もしくはその他の行政訴訟手続きにより、当該情報、文書、データもしくは資料の開示を要求されたときは、第三者に対し開示できる。

語句チェック

① provided by ～　～によって提供された
② utilize　利用する、使用する
③ perform one's responsibility (obligation)　責任（義務）を履行する
　※responsibility と obligation は p.89 参照。
④ disclose　開示する

⑤ other than ～　～以外に
⑥ Parties hereto　本契約の当事者
　※ here は this Agreement を指す。つまり Parties to this Agreement。詳細は p.76。
⑦ provided, however, that　ただし～とする
　※「例外」を示す。p.87 参照。
⑧ law or judicial or other governmental proceedings　法律または司法もしくはその他の行政訴訟手続き
　※ judicial は「司法の」。or については p.73 参照。

■ 解説

「秘密保持」は、契約交渉の過程で知り得た企業の秘密情報について、当事者双方が保持義務を負うことを定める条項であるため、契約書のほとんどに一般条項として入っています。

秘密保持条項に規定される項目を大別すると、「目的外使用の禁止」、「第三者への非開示」の二つになります。

まずは最初の文の初めに、The information, documents, data and/or materials とありますが、これが主語になります。provided by one Party to the other Party（一方の当事者が他方当事者［受け取った当事者］へ提供した）が、The information 以下の主語を修飾しています。

続く述語の部分は、shall be utilized by the other Party（他方当事者が使用することとする）となっています。どのように「使用することとする」のかというと、for the purpose of performing its responsibilities and obligations under this Agreement「本契約に基づく責任及び義務の履行を目的として」使用されなければいけない、とあります。

つまり、これは「目的外使用の禁止」です。「秘密情報を開示するには、当然、目的がある。その目的以外には使ってはいけない」ということです。例えば、買主側が売主から開示された技術情報を利用して、新しい商品を開発するというのは契約で規定していないのであればダメですよ、ということです。

もう一つの義務として、and shall not be disclosed to a third party（かつ、第三者に対し開示してはならない）と加えています。

これが、いわゆる「第三者への非開示」です。その第三者とは、other

than the Parties hereto（本契約当事者以外の）第三者だと念を押しています。

その次の、provided, however, that ... はよく出てくる表現で、条件を付けたり、例外を示したりする場合に用います（p.87 参照）。ここでは、例外を示して、「ただし、例外として」という意味を表しています。つまり、法律で要求されるなどの一定の事情がある場合は、（例外的に）秘密情報を開示してもよい、という意味です。

provided の前にはセミコロン「;」があります。セミコロンはピリオドとカンマの中間的な機能を持ちます。つまり、文章はいったん終わったようでいまだ続くということを示すのが、セミコロンです。日本語に訳すときはセミコロンの前でいったん文を句点「。」で切って訳すとよいでしょう。

最後から２行目の law or judicial or other governmental proceedings には、or が２つ出てきますが、訳し分けが必要です。これについては、p.73 の or の項目をご参照ください。

また、この条項にはありませんが、それ以外に盛り込まれるものとして、秘密保持義務の範囲を規定する条文と、その期間を規定する条文があります。秘密保持義務の定義は一般に下記のようになります。

1．秘密情報と記されたうえで開示された文書
2．秘密情報と述べたうえで口頭により開示された後、文書により確認された内容
3．開示された秘密情報に基づいて被開示者が作成した資料など
4．当事者間の契約（それ自体）

また、秘密情報を定義する場合は、その例外が何に当たるかも規定しておきます。一般に下記のようになります。ただし、これについては開示者を保護するために、被開示者が下記を証明する義務を負うことになります。

1．開示時点で公知であったもの
2．被開示者がすでに有していたもの
3．被開示者の責によらずに公知となったもの
4．被開示者が独自に開発して取得したもの

5．被開示者が正当な権利を有する第三者から合法的に取得したもの

(3) 不可抗力

条項例

Article 10. Force Majeure

Neither Party shall be liable for① failure to perform under this Agreement in the event that② performance is rendered impossible③ due to④ force majeure, including but not limited to⑤, acts of God, war, threat of war, warlike conditions, hostilities, mobilization for war, blockade, embargo, detention, revolution, riot, port congestion, looting, strike, lockout, plague or other epidemic, destruction or damage of goods or premises, fire, typhoon, earthquake, flood or accident, or due to acts of governmental or quasi-governmental authorities or any political subdivision or department or agency thereof⑥, or due to any labor, material, transportation or utility shortage or curtailment, or due to any labor trouble at the place of business of either Party or their suppliers, or due to any other cause beyond the control of⑦ either Party.

訳例

第10条　不可抗力

いずれの当事者も、天変地異、戦争、戦争の怖れ、戦争類似の状況、敵対行為、戦時体制、封鎖、通商停止、拘留、革命、暴動、港湾の混乱、略奪行為、ストライキ、ロックアウト、伝染病もしくはその他の疫病、物資もしくは施設の破壊もしくは損傷、火災、台風、地震、洪水も

しくは事故、または政府当局もしくは準政府機関またはいずれの政治的部門・部署・機関の行為による場合、または労働、資材、輸送手段もしくは公益設備の不足もしくは遮断、または各当事者もしくはその供給業者の事業所での労働争議、または各当事者の支配管理を超えた他のいかなる事項などにより義務の履行が不可能となった場合には、本契約に基づく義務の不履行について相手方当事者に対して責任を負わない。

語句チェック

① be liable for ～　～に対して責任を負う
② in the event that　～の場合には
③ be rendered impossible　不可能となる
　※ render は「～にする」の意。
④ due to ～　～を原因として
　※ p.79 参照。
⑤ including but not limited to　以下を含むがこれに限定されない
　※「例示列挙」の表現。p.93 参照。
⑥ thereof
　※ = of governmental or quasi-governmental authorities。there- については p.76 参照。
⑦ beyond the control of ～　～の支配管理を超えた

■ 解説

「不可抗力」は、当事者の beyond the control（支配管理を超えた）、つまりコントロール外の事情が発生した場合（例えば、売主の工場に落雷があり、商品の出荷ができなかった、などという場合）、契約の義務を免除することを規定する条項です。

この「不可抗力」というのは一般条項に必ず入ってきます。

例えば売買契約にも入ってきますが、これは売主にとって有利な条項といえます。なぜなら、一般に売買契約で債務不履行になるのは売主であるためです。ですので、売主にとっては、考えられる限りの不可抗力事由を列挙しておくことが重要となります。

逆に、買主は代金を支払うだけですから、支払いに絡む不可抗力というのはあり得ませんので、通常、不可抗力は認められません。ただし、例外規定として、国家行為に限っては不可抗力として認められるという条文を設けることがあります。しかし、通常はこの「不可抗力」条項で得をするのは売主だけであると考えられますので、「売主側の一般条項」という解釈ができるでしょう。

条文には、地震などの天変地異、戦争や政府による行為や労働紛争などの人的・国家的要因が列挙されていますが、最後の due to any other cause beyond the control of either Party（各当事者の支配管理を超えた他のいかなる事項などにより）がすべてを言いつくしています。

ただし、具体例を挙げたうえで、「支配管理を超えた」としているのには、いくつかの理由があります。例えば、火災の場合、従業員のタバコの不始末による火災では経営者に責任があり、不可抗力にはなりません。あるいは、ストライキの場合、適切な賃上げを怠った経営者に責任がある場合もあれば、経営者のコントロール外の事象が原因で起こる場合もあります。

日本でもかつて労同組合の力が現在よりも強かった時代の春闘では、ストライキで電車が止まったものですが、国によっては、例えばイギリスやフランスなどでは、ストライキは年中行事です。

こういった国々では、経営者の責任の有無をいちいち争ってもきりがないということで、条文に記載して、「ストライキは不可抗力とみなす」と決めてしまっています。それがこの例です。

では、文章の構造を見てみましょう。最初に、Neither Party shall be liable（いずれの当事者も責任を負わない）とあり、for failure to perform under this Agreement（本契約に基づく義務の不履行について）とあります。どういう場合に不履行の責任を負わないかというと、in the event that performance is rendered impossible（履行が不可能となった場合）です。

そして履行が不可能となる原因を due to ...（…以下を原因として）の後に例示列挙しています。この due to がこの条項の中に５つ隠されています。すべての due to が並列になっていて、それぞれ impossible の後に続くという構造です。長文ではありますが、due to 以下をカギ括弧でくくってみると、非常に単純な構造になっていることがわかると思います（due to については p.79 も参照)。

(4)契約期間

条項例

Article 11. Term

This Agreement shall take effect ① on January 1, 2009, and shall remain in full force ② for a period of twelve (12) months unless terminated ③ in accordance with the relevant provisions of this Agreement. This Agreement shall be renewed automatically ④ for further twelve (12) month periods unless either Party has shown objection to the other Party in writing by six (6) months prior to ⑤ the expiration or termination ⑥ of this Agreement.

訳例

第 11 条　契約期間

本契約は、2009 年 1 月 1 日に発効し、発効後 12 ヵ月間効力を有する。ただし、本契約の関連条項に従って解除される場合は、この限りではない。本契約は、12 ヵ月宛に自動的に更新される。ただし、一方当事者が他方当事者に対し、本契約の終了または解除の 6 ヵ月前までに書面にて異議を通知した場合は、その限りではない。

語句チェック

① take effect　発効する
　※同義表現に、come into effect、become effective などがある。
② remain in full force　有効に存続する
③ terminate　解除する
　※terminate と expire（満了する）の違いは p.97 参照。
④ be renewed automatically　自動的に更新される

⑤ prior to ～　～の前に
※p.98 参照。
⑥ expiration or termination　終了または解除
※p.97 参照。

■ **解説**

契約の発効日を規定し、それから一定の有効期間を定める条項です。

契約発効日というのは、通常、契約を締結した日もしくは契約締結後に契約発効のための条件が満たされた日とします。

さらに、これは条文によりますが、契約期間の満了後に、一定期間の自動更新を規定します。

まず表題の Term（契約期間）ですが、この term に s が付いて terms になると、「契約条件」という意味になります。単数形の term（期間）の同義語としては duration や period of agreement があります。他にも s の有無で意味が変わる単語は多く見られます（例えば custom は「慣習」、customs になると「関税」など）。

この契約では、契約期間が 1 年間と決められており、その後は自動更新されると規定しています。そして自動更新をしない場合は、一方の当事者が相手方に対して、6 ヵ月前までに書面にて異議を通知しなければならないと定めています。

ここの部分の英語、renewed automatically for further twelve (12) month periods ですが、month に s が付いておらず、period に s が付いて periods となっています。なぜ period に s を付けるのかというと、1 回きりの更新ではなくて、2 回目、3 回目というように、複数回にわたって自動更新があるという意味を含んでいるからです。

(5) 契約期間満了前の解除

条項例

Article 12. Termination Before Expiration

12.1 Breaches of this Agreement

If either Party breaches① any provision of this Agreement, the non-breaching Party shall have the right to terminate② this Agreement by serving on such breaching Party sixty (60) days③ written notice specifying such breach; provided, however, that④ if such breach is cured during the period of such notice, this Agreement shall continue with the same force⑤ as if such notice had not been given.

12. 2 Occurrence of Certain Facts

If any of the following occurs on either Party, the other Party may forthwith⑥ terminate this Agreement, by serving on such Party written notice thereof⑦:

(1) The property of either Party becomes subject to⑧ attachment⑨, provisional attachment⑩, provisional disposition⑪ , disposition by public sale, disposition for failure to pay taxes or any other similar disposition by a public authority;

(2) Either Party files a petition⑫ or has a petition filed against it by any person for corporate rehabilitation, corporate reorganization, bankruptcy or sale by public auction or similar procedure;

(3) Any note or draft issued by either Party is dishonored⑬ , or either Party otherwise becomes unable to make payments for

its obligations;⑭

(4) Serious change occurs in the assets, financial condition or business of either Party, and the attainment⑮ of the purpose of this Agreement thereby⑯ becomes impossible; or

(5) Merger, partition of business, or some other fundamental change of business structure occurs to either Party, as a result of which the continuation of this Agreement is rendered highly impracticable⑰.

訳例

第12条　契約期間満了前の解除

12. 1　本契約の不履行

一方当事者が本契約条項の履行を怠った場合、無違反当事者は、違反当事者に対し、違反行為を明記した60日間の書面通知を行うことにより、本契約を解除する権利を有する。ただし、当該不履行が当該通知の期間内に是正された場合には、本契約は、上記の通知が行われなかったものとして従前と同じ効力を有し、存続するものとする。

12. 2　特定事実の発生

下記のいずれかの事実が一方当事者に発生した場合には、他方当事者は当該当事者に対し、書面による通知を行うことにより直ちに本契約を解除することができる。

(1) 一方当事者の資産に対し、差し押さえ、仮差し押さえ、仮処分、競売処分、税金滞納に対する処分または当局によるその他の類似した処分が行われた場合。

(2) 会社更生、会社再建、破産または競売もしくは同様の手続きによる売却を理由として、一方当事者が自ら上記の申請を行う場合、または第三者が当該当事者に対し上記の申請を行った場合。

(3) 一方当事者が発行した約束手形もしくは為替手形が不渡りになるか、または一方当事者が、その債務に対して上記以外の理由で支払いができなくなった場合。

(4) 一方当事者の資産、財務状況もしくは事業に重大な変更が生じ、そのため本契約の目的の達成が不可能になった場合。または、

(5) 一方当事者に対し、合併、会社分割、もしくはその他の事業構造に根本的な変更が発生した場合で、その結果、本契約の継続が極めて不可能である場合。

語句チェック

① breach （契約に）違反する
② terminate 解除する
※ terminate と expire（満了する）の違いは p.97 参照。
③ sixty (60) days 60 日間
※ アルファベットとアラビア数字を併記。p.107 も参照。
④ provided, however, that ただし～とする。
※「例外」を示す。 p.87 参照。
⑤ force 効力
⑥ forthwith 直ちに
※ 類義語に immediately、instantly など。p.98 も参照。
⑦ thereof
※ = of termination。there- については p.76 参照。
⑧ become subject to ～ ～に従う
※ p.83 も参照。
⑨ attachment 差し押さえ

⑩ provisional attachment　仮差し押さえ
※ provisional は「仮の」の意。
⑪ provisional disposition　仮処分
※ disposition には「処分」のほか、「譲渡」「贈与」などの意味がある。
⑫ file a petition for ～　～の申請を行う
⑬ dishonor　（手形を）不渡りにする
※「（手形を）引き受ける」は accept。
⑭ obligation　債務、義務
※ p.89 参照。
⑮ attainment　達成
⑯ thereby
※ = by such change。there- については p.76 参照。
⑰ be rendered highly impracticable　極めて不可能となる
※ render は「～にする」の意。impracticable は「実行が不可能な」の意（p.324 も参照）。

■ 解説

「契約の終了」は二種類に分類されます。「契約期間の満了による終了（expiration）」と「契約期間の満了前に解除事由が発生することによる終了（termination）」です。この条項では、後者を規定しています。

通常は、契約期間が継続している間の途中解約はできません。途中解約は契約違反ということになり、損害賠償請求が発生します。ところが、相手方が代金を払わないとか、手形の不渡りを出したという場合、契約を続けることは得策ではありません。そういう場合、つまり当事者に解除事由が発生した場合に、当事者に解除権を与えるというのがこの「期間満了前の解除」という条項の趣旨です。

条項には、解除事由を具体的に規定することが必要です。なぜなら、その解除事由の発生によって、解除権が発生するからです。

さて、日本の民法にも、債務不履行による契約解除権というのはあるのですが、本当に履行が不可能であるという状況でないと行使するのは難しいのが実際のところです。手形の不渡りを出し、資金繰りが苦しくなっても、債務の履行ができなくはないからです。ですから、この「期間満了前の解除」条項がないと、契約を解除するのに苦労します。

最も典型的なのが、Chapter XI（チャプター・イレブン、アメリカの連邦改正破産法の第 11 章。日本の民事再生法あるいは会社更生法に当たる）

です。Chapter XI の場合、契約を続けることはこちら側のリスクになります。ですから、例えば、取引相手が破産した場合などは早めに解除して新たな取引先を見つけたいということになります。

そうなった場合に、この「期間満了前の解除」条項の12.2の（2）があれば、取引相手がcorporate rehabilitation（会社更生）に入ったということで解除できる、ということになります。

12.1「本契約の不履行」の場合は、契約の不履行があった場合に最高60日の期間を設けて、その期間内に是正されなかった場合に解除できます。例えば、代金が支払われなかった場合、12.1によって催促して60日たっても支払われなければ解除できるということになります。この期間はcalendar day（暦日）なのかbusiness day（営業日）なのかということで、もめる場合がよくあります。ただ、ここでは60日という長期間なので、普通はcalendar dayと解釈するでしょう。例えば5日といった短期間では、business dayかcalendar dayかという解釈上で、もめる可能性はあります。

12.2の場合は、「特定事実」が発生した場合に即時解除が可能になります。（1）から（4）まで、特定事実として、「資産に関する処分」「破産手続きなどの申請」「手形の不渡り」「契約目的の達成不可能」などを挙げています。これらはすべて相手方の財務状況の悪化を理由としています。

12.2（5）は最近になって入るようになってきた条文ですが、合併や会社分割があった場合、あるいは経営陣が総入れ替えになったような場合に対応することを目的としています。

こういった場合、相手方の会社が競争会社に買収されたりすれば、相手方との関係も変わってきます。その結果、「本契約の継続が極めて不可能」になる可能性があるわけです。やはり契約では、例えば社長同士など、当事者間の信頼関係といったものが根底にあるべきなので、経営陣がガラッと変わってしまうと、契約を継続できないという場合が、当然のことながら出てきます。相手方の会社が競争会社に買収されてしまったという場合、継続は検討せざるを得ません。

通常は、契約上の義務が履行できていれば、法律上は契約を解除する理由がないわけです。ですから（1）から（4）までの事実では、契約書に規定しない限り、解除権は自動的に発生しません。さらに、近年のビジネス事情の変化に対応すべく、（5）が盛り込まれるようになったというわけです。

(6) 契約終了の効果

条項例

Article 13. Effects of Termination

Termination of this Agreement shall not affect any rights or liabilities① accrued② at the date of termination. Upon termination of this Agreement, the duty③ to make payments under this Agreement shall become due and payable④.

訳例

第13条　契約終了の効果

本契約の終了は終了日に成立している権利または責任に影響を及ぼさないものとする。本契約終了時に、本契約に基づく債務は支払われるものとする。

語句チェック

① rights or liabilities　権利または責任
② (be) accrued　（権利などが）発生した、成立した
③ duty　（契約上の）義務
　※p.89 参照。
④ due and payable　支払期限が到来している
　※同義語の重複表現。

■ 解説

契約が終了した場合、契約の条項というものはすべて効力を失うというの

が大原則です。しかし、契約終了時点で、当事者の債務や義務の履行が完了していない場合は履行を義務付ける必要がありますし、秘密情報については契約終了後も保持する義務を課す必要があります。

そこで、契約終了後にも有効となる義務などを定める条項が必要となります。それが、上記の「契約終了の効果」と次にご説明する「契約の存続条項」です。

「契約終了の効果」は契約の終了によって、すでに発生している当事者の権利義務が影響を受けないことを規定します。この条項では、契約が終了しても、その時点において未払いとなっている債務を免れることはできず、直ちに支払うこととするということも規定しています。

(7) 契約の存続条項

条項例

Article 14. Survival Provisions

Except for the obligations ① assumed by the Parties under Articles X, XX, XXX and XXXX hereof, upon expiration or termination ②, for any reason, of this Agreement, all rights accruing ③ to either Party hereunder shall forthwith ④ lapse ⑤.

訳例

第14条　契約の存続条項

本契約第X条、第XX条、第XXX条及び第XXXX条に基づき当事者が負担する義務を除き、本契約の期間満了またはいかなる理由による解除後直ちに、本契約に基づき各当事者に対して生ずる一切の権利は効力を失う。

語句チェック

① obligation　義務
　※ p.89 参照。
② expiration or termination　期間満了または解除
　※ p.97 参照。
③ accruing　（権利として）生じる
④ forthwith　直ちに
　※類義表現については p.98 参照。
⑤ lapse　（権利が）失効する

■ **解説**

「契約の存続」は契約終了後も継続する義務を規定します。

冒頭に Except for the obligations assumed by the Parties under Articles X, XX, XXX and XXXX hereof,（本契約第 X 条、第 XX 条、第 XXX 条及び第 XXXX 条に基づき当事者が負担する義務を除き）とあり、これら以外の権利義務は、契約解除後直ちに lapse（失効する）とあります。

例えば売買基本契約では、X 条から XXX 条には、「支払い」「製造物責任」「秘密保持」などが入り、XXXX 条には「存続」が入ります。これらは契約期間中も必要な条項ですが、むしろ契約終了後にまさに重要になってくるものもあります。

したがって、これらについては存続させることが必要です。そこで「存続条項」が入ってきます。

例えば、「支払い」条項を存続させなければならないのは、基本契約が切れる直前に個別の売買契約が発生した場合、支払いや引渡しは基本契約が切れた後になるためです。

(8) 契約譲渡

条項例

Article 15. Assignment

Neither Party hereto① shall assign or transfer② this Agreement or any right or interest ③ herein specified ④ unless the other Party has given its prior written consent ⑤ thereto ⑥ except assignment to each Party's subsidiary or its parent company.

訳例

第15条　契約譲渡

本契約の当事者はいずれも、その子会社もしくは親会社への譲渡を除いて、他方当事者の書面による事前同意なくして本契約自体または本契約に規定される権利もしくは利益を譲渡してはならない。

語句チェック

① hereto　本契約における
※ hereto = to this Agreement。詳細は p.76。
② assign or transfer　譲渡する
※重複表現。assign も transfer も「譲渡する」の意。
③ right or interest　権利もしくは利益
※ p.118 も参照。
④ herein specified　本契約に規定される
※ here = this Agreement。つまり、specified in this Agreement の意。specified と here- については p.78、p.76 を参照。
⑤ prior written consent　書面による事前同意
※ prior は「事前の」、written は「書面の」、consent は「同意」の意。
⑥ thereto
※ there は assign or transfer を指す。there- については p.76 も参照。

■ 解説

「契約譲渡」は、契約を勝手に（書面による事前合意なしで）第三者には譲渡してはならないことを定めた条項です。契約上の地位や権利義務というものは、本来は譲渡できないものですが、金銭債権は譲渡することも可能です。日本法では内容証明で債務者に通知すればできてしまいます。

そこでそれを防止するために、譲渡の禁止条項を設けたのです。さらに例外として、自社の親会社、子会社への譲渡を認めています。これはM&A（合併・買収）の際に必要となる規定です。

(9) 通知

条項例

Article 16. Notice

Except as otherwise specifically provided ① in this Agreement, all notices and other communications required or permitted to be given under this Agreement shall be in writing and in the English language and shall be delivered personally or sent by confirmed telex ② or facsimile or registered or certified mail ③ to the other Party to this Agreement at the following address:

(1) to X: President
Company X
1-1-X Minato-ku
Tokyo, Japan
Telefax No. 03-0000-0000

(2) to Y: Managing Director
Company Y
New York City, USA
Telefax No. 01-000-0000

訳例

第 16 条　通知

本契約上特別に規定する場合を除き、本契約に基づき実施が必要とされまたは実施が認められているすべての通知及びその他の通信は、英語による書面とし、直接手渡し、または確認付テレックスもしくはファクシミリ、または書留もしくは配達証明郵便にて、本契約の他方当事者に対し以下記載の住所宛に送付されるものとする。

（1）X社宛　社長
X社
日本国東京都
港区1－1－X
ファックス番号　03-0000-0000

（2）Y社宛　社長
Y社
米国ニューヨーク市
ファックス番号　01-000-0000

語句チェック

① except as otherwise specifically provided　特別に規定する場合を除き
※except as otherwise ～はよく使われる定型句。except as otherwise agreed（別段の合意がない場合）も頻出。
② confirmed telex　確認付テレックス
※confirmedは「(送信の) 確認をされた」の意。
③ registered or certified mail　書留もしくは配達証明郵便
※registeredは「書留の」、certifiedは「(配達) 証明付きの」の意。

■ **解説**

例えば「契約解除」(p.134参照) をするときなどのために、正式な通知を誰宛にどういった手段で行えばよいのかを明確に規定しておく必要があります。そこで、この「通知」条項が必要になります。

通知については当事者間で、「通知した」「いや、通知されていない」という紛争が起こりやすいので注意が必要です。

通知の効力の発生時期については、「発信主義」と「受信主義」に大別されます。前者は発信した時点で効力が発生するとし、後者は受信時とします。海外に通知を行う場合、さまざまな障害を考えると、「発信主義」を契約に規定したうえで、さらに配達記録の残る通知方法を選択するというのが賢明な方法です。その場合、Notice shall become effective when it is sent to the other Party by the notifying Party.（通知は通知を行う当事者が他方当事者に送った時点で有効となるものとする）といった条文を入れます。

さて、条項には具体的な通知方法が定められています。最近は電子メールでもよいというケースも出てきましたが、やはり電子メールは簡単に改ざんができてしまうので、書面かファックスがよいでしょう。ファックスは送信記録も残りますので、証拠能力があります。

ここでは、「確認付テレックス（confirmed telex）」「ファクシミリ（facsimile）」「書留もしくは配達証明郵便（registered or certified mail）」と列挙されています。いずれも、証拠能力を備えています。

「確認付きテレックス（confirmed telex）」の confirmed は「送信の確認付き」という意味です。

また、最後の certified mail という表現は「配達証明郵便」であって、certified は「内容証明」を意味するものではありません。

内容証明は日本特有の制度で、海外ではあまり見られないシステムです。配達証明郵便は、配達されたという証明書を付けるもので、書留の一種です。

(10) 完全合意

条項例

Article 17. Entire Agreement

This Agreement constitutes① the entire and sole② agreement between the Parties and supersedes③ all previous negotiations, discussions, agreements and commitments with respect to the subject matter hereof④. This Agreement shall not be amended, altered, changed or modified⑤ in any manner, except by an instrument signed by the duly authorized representative⑥ of each Party.

訳例

第17条　完全合意

本契約は、両当事者の完全かつ唯一の合意を構成し、本契約の事項に関する契約以前のすべての交渉、討議、合意及び公約に優先する。本契約は、各当事者の正当に授権された代表者が署名した文書なくしていかなる方式においても変更されない。

語句チェック
① constitute　構成する
② entire and sole　完全かつ唯一の
③ supersede　優先する、取って代わる
④ hereof　本契約の
※ = of this Agreement。詳細は p.76 参照。
⑤ be amended, altered, changed or modified　変更される
※ amended 以下、重複表現。p.113 参照。
⑥ duly authorized representative　正当に授権された代表者
※ duly は「正当に、正式に」。

■ 解説

これは第5章（p.113）でも見た条項です。「完全合意」条項は、契約書を締結した時点で、それまでの口頭・書面による合意や約束はすべて無効となり、本契約がすべてに優先するという内容を定めた条項です。

英米法の下で締結される契約においては、契約書に書いてあることがすべてである、という考え方を頭に染み込ませておいてください（p.31、34参照）。

さて文章を見ていくと、最初の文に entire and sole と形容詞が並んでいます。これはある意味で重複表現に近いのですが、日本語では「完全かつ唯一の」と訳出しています。

amended, altered, changed or modified については、それぞれの言葉が違ったニュアンスを持つのですが、日本語では「変更」という意味にまとめています。詳しくは p.114 を参照してください。

また、all previous negotiations, discussions, agreements and commitments は「以前のすべての交渉、討議、合意及び公約」と訳出しています。このように不自然でないものは、意味が非常に近いものが並んでいても、それぞれの言葉を訳していきます。

(11) 準拠法

条項例

Article 18. Governing Law

This Agreement shall be governed① and construed② in accordance with the laws of Japan.

訳例

第 18 条　準拠法

本契約は、日本法に準拠し、日本法に基づいて解釈されるものとする。

語句チェック

① govern　基準となる
② construe　解釈する

■ 解説

準拠法については、第 2 章（p.31）も参照してください。

「準拠法」は、契約上の取引や契約書の解釈を、どこの国（法域）の法律によって行うか、つまり準拠するかを定める条項です。ここでは、日本国法を準拠法とすることが規定されています。

国際英文契約上ではあらかじめ準拠法について合意することがほとんどです。世界には共通法というものがないので、当事者の国籍に違いがある場合、基準とする法律を定めなければ、ある契約条項が一方の国の法律では有効でも、他方の国では無効となるような事態が起こる可能性があるためです。

原則として、当事者は準拠法の選択を自由に行うことができます。しかし、国によっては、例えば強行法規などでは、合意された準拠法よりも、契約締結地や履行地の法律を準拠法とするといった一定の条件を定めているので、事前の確認が必須となります。

当事者間であらかじめ準拠法が合意されない場合には、各国の国際私法（法律の抵触法、日本では通則法）によって、原則として、その取引に最も密接な関係のある国（法域）、つまり最密接地の法律が適用されます。

紛争の際にも、当事者の権利・義務はその解釈に影響を受けるため、準拠法は大変重要になってきます。

（12）権利放棄

条項例

Article 19. Waiver

The failure of either Party hereto① at any time to require performance by the other Party of any responsibility or obligation② hereunder③ shall in no way affect the full right to require such performance at any time thereafter④. Nor shall the waiver⑤ by either Party of a breach⑥ of any provision hereof⑦ constitute a waiver of any succeeding breach of the same or any other provision hereof or constitute a waiver of the responsibility or obligation itself.

訳例

第19条　権利放棄

本契約の一方当事者が他方当事者に対し、本契約に基づく責任または義務の履行を要求しなかった場合でも、それ以降の上記履行請求権には一切影響を及ぼさない。また一方当事者が本契約の条項違反を放棄したことにより、その一方当事者は、本契約の同一もしくはその他の条項に対するその後の違反の放棄を構成することはないか、または当事者の責任もしくは義務の放棄を構成することはない。

語句チェック

① hereto　本契約の
※= to this Agreement。here- の詳細は p.76 参照。
② responsibility or obligation　責任または義務
※ p.89 参照。
③ hereunder　本契約に基づく
※= under this Agreement ～。詳細は p.76 参照。
④ thereafter
※= after the failure of either Party to require ～。詳細は p.76 参照。
⑤ waiver　権利放棄
⑥ breach　違反
⑦ hereof　本契約の
※= of this Agreement。詳細は p.76 参照。

■解説

「権利放棄」は、当事者が契約書において規定した債務などを履行しなかったことに対し、相手方が異議を唱えなかったとしても、それによって、相手方が履行請求権を放棄することにはならないことを規定した条項です。例えば、売買契約で、支払い期限を、引渡し日の翌月末に規定していたとします。しかし、買主の支払いがそれを1週間超過し、売主がそれをそのまま受領して、というような事態が続いた場合、売主は「本来の支払い期限＋1週間の猶予」を認めた、すなわち「権利放棄」したことになってしまいます。

日本法ではこういうものはないのですが、英米法ではエクイティ（衡平法：equity）の考え方でこうしたことが生じる可能性があります。

したがって、この条項の中で、いったん相手方の不履行を認めた形になってしまっても、それ以後の履行請求権に影響を及ぼすことにはならないと明記しているわけです。

(13) 紛争及び仲裁

条項例

Article 20. Dispute and Arbitration

Any and all disputes ① concerning questions of fact or law arising from or in connection with the interpretation, performance, non-performance or termination of this Agreement including the validity ②, scope ③, or enforceability ④ of this Agreement to arbitrate ⑤ shall be settled ⑥ by mutual consultation ⑦ between the Parties in good faith as promptly ⑧ as possible, but if both Parties fail to make an amicable settlement ⑨, such disputes shall be settled by arbitration ⑩ in Tokyo in accordance with the rules of the Japan Commercial Arbitration Association ⑪. Such arbitration shall be conducted in English. The award of the arbitrators ⑫ shall be final and binding upon the Parties.

訳例

第20条　紛争及び仲裁

本契約の仲裁を行うための有効性、有効範囲、もしくは法的拘束力を含めて、本契約の解釈、履行、不履行もしくは解除から生じる事実問題もしくは法律問題に関するすべての紛争は、誠実に、かつできるだけ速やかに両当事者間で相互の話し合いをもって解決されるものとする。ただし、両当事者が友好的に解決できない場合には、当該紛争は東京において、JCAAの規則に従って仲裁により解決される。当該仲裁は、英語でなされる。仲裁人の裁定は両当事者に対して最終的であり、法的拘束力を有するものとする。

語句チェック

① dispute　紛争
② validity　有効性
③ scope　有効範囲
④ enforceability　法的拘束力
⑤ arbitrate　仲裁する
⑥ settle　解決する
⑦ mutual consultation　相互の話し合い
⑧ promptly　速やかに、早急に
　※類義表現はp.98参照。
⑨ amicable settlement　友好的な解決、和解
⑩ arbitration　仲裁、調停
⑪ Japan Commercial Arbitration Association　社団法人日本商事仲裁協会
　※略称はJCAA。
⑫ award of the arbitrators　仲裁人による裁定
　※ awardは「裁定、判決」、arbitratorは「仲裁人」。

■解説

「紛争及び仲裁」は、当事者間で紛争が発生した場合の解決方法、場所、適用される規則について規定する条項です。これは大変重要な条項ですので、押さえおくべきポイントを見ていきましょう。

「仲裁」か「裁判」か

紛争解決の場合、一つの選択肢として「訴訟（裁判）」があり、もう一つの選択肢として「仲裁」があります。

ニューヨーク条約に加盟している日本を含む国々の法律においては、仲裁で出される裁定は、裁判の「確定判決」と同じ効力を持ちます。

つまり、仲裁人の判断に「任意」に従えばよいというのではなく、従わなければ法律違反となってしまうのです。

そのため、紛争への対応を、裁判にするのか、仲裁にするのか、という選択が重要になってきます。この点について詳しくは下記の「『仲裁』と『裁判』のメリット、デメリット」の項目をご参照ください。

では実際の条項を読みながら、さらに見ていきましょう。

まずは話し合いから

この「紛争及び仲裁」条項の文章をご覧いただくと、前半には長々と「まずは話し合いで解決を図る」ということが書いてあり、それでもだめな場合には仲裁によるとなっています。

実は下から５行目の such disputes shall be settled by arbitration ...（当該紛争は仲裁により解決される）からがこの条項の趣旨です。しかし、いきなり仲裁に入らずに、まずは話し合いをしてみましょうと規定している、前半部分にもそれなりに意味はあると思われます。

続いて in Tokyo in accordance with the rules of the Japan Commercial Arbitration Association（東京において、JCAA の規則に従って）とあり、Such arbitration shall be conducted in English（仲裁は英語でなされる）とあります。

JCAA というのは、社団法人日本商事仲裁協会のことです。この組織は、商事紛争の予防と処理による国際取引の促進を目的とした、経済産業大臣の指定団体で、紛争解決や弁理士による仲裁手続の代理を行っています。

「仲裁合意の条項」

最後の一文で、これ以上の蒸し返しがないように、The award of the arbitrators shall be final and binding upon the Parties.（仲裁人の裁定は両当事者に対して最終的であり、法的拘束力を有するものとする）と念を押しています。この条文は「仲裁合意の条項」と称されます。

「仲裁」と「裁判」のメリット、デメリット

仲裁がよいのか裁判がよいのかという選択の問題がありますが、それぞれ

メリット、デメリットがあります。

仲裁の場合の最大のメリットというのはいくつかあるのですが、国際的な紛争の場合には国際執行力というものが関わってきます。

(1) 国際執行力

例えば、裁判ですと、東京地裁で勝って判決をもらっても、日本国内でしか執行できません。

つまり、イギリスの会社に対して執行しようとしても、相手方の資産（子会社等）が日本にない限り、執行することができないわけです。そこで本国のイギリスに行って、イギリスの裁判所に日本の判決を承認してもらわなければいけません。しかしこれがそのまま承認してもらえるかというと、必ずしもそうではありません。

もともと判決というのは主権の一つの行使ですので、主権侵害とみなされかねないわけです。そのうえ、時間も掛かります。

ところが仲裁の場合、仲裁に関するニューヨーク条約というものがあり、加盟国のいずれかで行われた仲裁判断は、他の加盟国で執行することができると規定されています。

したがって、例えば日本で行われた仲裁の仲裁判断をニューヨーク条約の加盟国であるイギリスの裁判所に持っていけば、自動的に承認してもらえ、執行ができるということになります。これが最大のメリットであるといえるでしょう。

(2) 秘密保持

もう一つの仲裁のメリットは「非公開」で行われるという点です。裁判の場合ですと当然、公になります。裁判所には必ず番記者がいて、有名企業のスキャンダルがないか目を光らせているわけです。

裁判はそもそも公開のものですから、文句は言えませんし、法廷の書類というものは一般の人も閲覧できますので、情報が漏れてしまう可能性があります。

しかも裁判で争っているとなると、非常にネガティブなイメージを一般市民に与えます。自社が裁判で優位な場合にあっても、イメージダウンはまぬがれません。

最近は裁判所から、秘密保護命令というものを出してもらえますが、ただやはり、特に営業秘密が関わっている裁判の場合には、公開の法廷に持ち込むというのは問題があります。

他方、仲裁の場合は非公開で、例えば仲裁協会の会議室やホテルの会議室などで行われるわけです。したがって、協議は秘密裡ですし、争っている事実自体も外部に漏れることは一切ありません。つまり秘密保持という点でメリットがあるわけです。

(3) スムーズかつ速やかな解決

さらに、仲裁のメリットとしては、友好的に進められるという点があります。裁判では裁判所がいかにも対立をあおるような雰囲気を出しているので、長く取引してきた相手であっても、そこで取引関係が終わってしまいます。

しかし仲裁の協議はラウンドテーブルで行われ、取引相手との友好関係を保つことが可能です。つまり、仲裁の場合は、取引を継続しながら仲裁で解決するという、言ってみれば「二枚舌」が可能になるわけです。特に大企業の場合、自社は取引をやめても、そのグループ他社が取引を継続しているという場合があります。こういう場合は仲裁を使うと、わりとスムーズに解決できるのではないでしょうか。

(4) 責任の所在

では、仲裁のデメリットは何かというと、再審制の裁判と違い、一回勝負であるという点です。プロセスは速く、コストも掛からずに済みますが、これが逆にデメリットであるとも見ることができるのです。あまりに早く結論が出てしまうと、責任の所在が明らかになってしまい、関係者が処分されることになります。しかし裁判の場合は、最高裁まで争っているうちに、関係者が異動や退職などをしていき、責任の所在がうやむやになっていく傾向にあります。これをプラス材料に、つまり裁判のメリットであるととらえる企業もあります。企業倫理上は問題がありますが、そういう現実も確かにあるのです。

ですから、仲裁によって、1、2年で結論が出てしまうというのは、よい面もあれば悪い面もあると考えられます。つまりは、企業としてどちらを選択するかという問題になってくるでしょう。

(5) 過去の事例を参照できるかどうか

さらに、仲裁の最大のデメリットは何かというと、仲裁の判断が公開されないので、過去の仲裁例が参照できないことです。

しかも仲裁人は当事者が合意して選ぶわけですから、プロの裁判官ではなく、民間の会社経営経験者といった人たちが多くなりますので、どういう判断をするか予想が付きません。

一方、裁判所の場合は判例の集積があるので、このケースの場合にはこの相場ということがだいたい分かります。

筆者の経験上では、仲裁の場合、裁判よりも建設的な意見が出ることも多いという印象があるのですが、やはり企業にとっては予想を付けにくいというリスクがあります。

以上が仲裁についての説明です。仲裁についてご興味のある方は日本商事仲裁協会のウェブサイト（http://www.jcaa.or.jp）に、サンプルの条文や非常に参考になる情報が出ていますので、ぜひお読みいただければと思います。

(14) 裁判管轄

条項例

Article 21. Jurisdiction

All actions or proceedings relating to this Agreement shall be conducted in the Tokyo District Court, and both Parties hereto ① consent to the exclusive ② jurisdiction ③ of the said court ④.

訳例

第21条　裁判管轄

本契約に関連するすべての法的手続は東京地方裁判所で行われるものとし、両当事者は東京地方裁判所を専属的管轄裁判所とすることに合意する。

語句チェック

① hereto　本契約における
※ = to this Agreement。詳細は p.76 参照。
② exclusive　専用の、独占的な
③ jurisdiction　裁判管轄
④ the said court　上述の裁判所
※ = the Tokyo District Court。the said は「上述の、前記の」の意。

■ 解説

「裁判管轄」は、契約上の取引や契約書の解釈などから発生する紛争を解決するために裁判を行う場合に、その管轄裁判所を当事者間で合意しておくための条項です。

この条項では、東京地方裁判所を専属的管轄裁判所とすることで合意しています。当事者間であらかじめ裁判管轄について合意がなされていない場合には、どこの裁判所に提訴するかは自由です。しかし、相手方を被告とした裁判手続と判決に法的拘束力を持たせるためには、提訴した先の裁判所が、被告とその事件に対して裁判管轄を持っている必要があり、それについては個別に審査されます。

裁判管轄の合意は非常に重要です。というのは、コストや勝訴の見通しなどが管轄裁判所によって変わってくるためです。

また、裁判管轄の規定をする際、それが「専属的管轄（exclusive jurisdiction）」なのか、「非専属的管轄（non-exclusive jurisdiction）」なのかについても明確に示す場合があります。

専属的管轄では、合意した裁判所以外の裁判所への提訴はできません。一方、非専属的管轄は、とりあえず管轄を決めているだけで、それ以外の裁判所へ提訴することも可能です。

（15）可分性

条項例

Article 22. Severability

Should any provision of this Agreement be deemed① to contradict② the laws of any jurisdiction where it shall be performed or to be unenforceable③ for any person, such provision shall be deemed null and void④, but this Agreement shall remain in force⑤ in all other respects.

訳例

第22条　可分性

本契約のいかなる条項も管轄法域の法律に抵触する、または何人に対しても法的拘束力を持たないとみなされた場合には、当該条項は無効とみなされる。ただし、本契約は他のすべての面においては有効に存続するものとする。

語句チェック

① deem　みなす
※類語については p.95 参照。
② contradict　抵触する

③ unenforceable　強制し得ない（法的拘束力を持たない）
　※p.91参照。
④ null and void　無効である
　※重複表現。
⑤ remain in force　有効に存続する

■ **解説**

契約条項の一部が、強行法規に反するなどの理由により、法的な拘束力を持たない（unenforceable）と判断された場合に、その条項は無効とみなされるが、それ以外の条項についてはそのまま効力を持つというのがこの条項の趣旨です。

例えば、独占禁止法違反で無効な条項があった場合、そこだけが無効であるという処理をします。

(16) 代理関係

条項例

Article 23. No Agency

Neither this Agreement nor a purchase order creates the relationship of principal and agent① between X and Y or vice versa② nor do they constitute a partnership or a joint venture between the Parties.

訳例

第23条　代理関係

本契約または購買注文のいずれもX社及びY社間に本人及び代理人の関係またはその逆の関係を構成しない。また、上記は、両当事者間にパートナーシップまたは合弁事業をも構成しない。

語句チェック
① principal and agent　本人及び代理人
※principalは「(代理人に対して）本人」、agentは「代理人」の意。
② vice versa　逆もまた同様
※ラテン語。詳しくは下記解説を参照。

■ **解説**

この契約はあくまで独立当事者の契約である、つまり、一方が他方の代理人になるということではないと規定しています。

表題がNo Agencyですから、本来ならば「非代理関係」と訳さなければならないのですが、見出しでは略される場合が多く見られます。

２行目のところにvice versaというラテン語があります。これは「逆もまた同じ」という意味で、Xが本人でYが代理人という場合と、Yが本人でXが代理人という場合のいずれも構成しないということを念押ししているわけです。

最後のほうのpartnership（パートナーシップ）というのは、分かりにくいのですが、日本でいう「組合」に近いものと考えると分かりやすいでしょう。相互に代理関係に立つもので、それもここでは否定しています。また本条項ではjoint venture　(合弁事業）も否定しています。

(17) 見出し

条項例

Article 24. Headings

Headings in this Agreement are included for convenience only ① and are not to be used for construing or interpreting ② this Agreement.

訳例

第24条　見出し

本契約における見出しは、便宜のためにのみ記載され、本契約の解釈のために使用されないものとする。

語句チェック
① for convenience only　便宜のためにのみ
② construe or interpret　解釈する
※重複表現。

■ 解説

契約書に記載されている見出し（heading）は便宜上であって、解釈の指針にはならないことを規定しています。

（18）救済

第7章1項「秘密保持契約書を読む」のp.193を参照。

重要な実質条項を読む

Understanding important provisions

1.実質条項とは

実質条項とは、契約書の当事者の権利義務を実質的に規定する条項です。ここでは、実質条項のうち、特に注意が必要とされる「保証」と「製造物責任」条項をじっくり見ていきましょう。

2.「保証」条項とは

「保証（Warranty)」は、英文契約書において、売主と買主の間で、1．契約商品の品質や性能の保証、2．クレームの方法、3．救済措置などについて規定する条項です。

では、保証条項で規定される内容について、順に見ていきましょう。

(1)契約商品の品質や性能の保証

売買契約やディストリビュータ契約では、通例、契約書とともに、契約商品の品質、規格、性能などを明記した仕様書を提出しますが、実際の商品の内容がそれに違わないことを規定します。

また、業としての売主には契約法で保証責任が自動的に課されることから、保証の排除が行われることが多くあります。

さらに重要なのが、「保証」は、明示的保証（express warranties）と黙示的保証（implied warranties）の２つに大別されるということです。これについては、p.168で解説していますので、実際の条項を読みながら理解していってください。

(2) クレームの方法

契約商品の内容に問題があった場合のクレーム方法や、クレームを受け付ける期限について規定します。

契約商品が保証を満たしていないと買主が判断してクレームを起こした場合、そこから紛争へと発展しやすいので、注意が必要です。

これを防ぐためには、契約商品受領後の一定期間内にクレームがなかった場合は、その後のクレームは認められない（商品に満足しているとみなされる）という趣旨の下記のような規定を盛り込むといった対策があります。

The claim from Buyer must be received by Seller within 90 days after the delivery of the Products.（買主のクレームは、本製品の引渡し後90日以内に売主によって受領されなければならない）

(3) 救済措置

売主が保証義務を怠った場合に、買主に与えられる救済手段を規定します。

具体的な救済手段としては、損害賠償請求（買主→売主）、代替品提供（売主→買主）、代金返還（売主→買主）、修理（売主負担）などがあります。

損害賠償の対象には、直接損害のみならず、逸失利益などの間接損害なども含まれます。損害賠償の金額が青天井というリスクがあるので、売主としては、損害賠償の対象範囲、上限金額を規定することがあります。

損害額の立証が難しいことが多いので、あらかじめ、予定損害賠償額を条項に盛り込んでおくこともできます。これは違約金あるいは損害賠償の予約です。これには賠償額を立証せずして賠償してもらうことができるという買主にとってのメリットがあります。

Coffee Break

「事実表明(Representations)」

保証条項は「事実表明と保証（Representations and Warranties)」という表題となることがあります。この「事実表明」では、例えば、本件製品が仕様書に合致することを表明するなど、一定の事実を表明します。「保証」とは、この表明した事実が実際には異なっていた場合に保証するという意味です。例えば保証義務違反により、補修義務や損害賠償義務が発生します。

warrantyとguaranteeの違い

元来は、warranty が物の保証、guarantee が債務の保証という区別がありましたが、現在ではいずれも両方の意味で用いられています。

3.製造物責任条項(Product Liability)を読む

以下で「保証」について、売買基本契約の「製造物責任」条項を例に解説します。この「製造物責任」条項には「保証」(下記)及び「製造物責任免責」(p.170)の2項目が盛り込まれています。

(1) 保証条項

条項例

Article 8. Product Liability

8.1 Warranties

X warrants① to Y that the Products, when delivered, shall conform, in all respects, to the specifications set forth in Exhibit A② as attached hereto, and will be free from defects③ in material and workmanship④.

THERE ARE NO WARRANTIES, EXPRESS OR IMPLIED, INCLUDING ANY IMPLIED WARRANTY OF MERCHANTABILITY OR FITNESS FOR A PARTICULAR PURPOSE, ON PRODUCTS SOLD TO Y EXCEPT AS PROVIDED IN THIS AGREEMENT. EXCEPT FOR ITS EXPRESS LIABILITY UNDER THE TERMS OF⑤ THIS AGREEMENT, X ASSUMES NO OBLIGATIONS OR LIABILITIES⑥ IN CONNECTION WITH SUCH PRODUCTS.

…以下、8.2 Product Liability Indemnity「製造物責任免責」が続く（p.170から掲載）

訳例

第８条　製造物責任

8.1　保証

ＸはＹに対し、本製品が引渡された時点において、すべての点において、本契約に添付される別添Ａ記載の仕様を有し、かつ、材料及び製造上の欠陥がないことを保証する。

本契約に規定がある場合を除いて、Ｙに販売された製品には、商品性もしくは特定の目的への適合性に関する黙示的保証を含む明示的もしくは黙示的保証は付与されない。本契約の条件に基づく明示的責任を除いては、Ｘは、当該製品に関する義務または責任を負わない。

語句チェック

① warrant　保証する
② set forth in Exhibit A　別添Ａに記載された
③ be free from defects　欠陥がない
④ material and workmanship　材料及び製造
⑤ under the terms of ～　～の条件に基づいて
※term は単数形で「期間」、複数形 terms で「契約条件、契約条項」の意。
⑥ assume no obligations or liabilities　義務または責任を負わない
※obligation と liability については p.89 参照。

■解説

条項を読んでいただくと、最初の文はだいたいお分かりになると思いますが、大文字で書かれている２段落目が分かりにくいのではないかと思います。最初の文では、仕様に合致することと、欠陥がないことの保証がされています。ここまで保証されれば十分ではないか、と思ってしまいそうになるのですが、実は落とし穴があるので、注意が必要です（下記「欠陥（defect）

の概念をしっかり理解する」を参照)。

そしてさらに注意すべきなのが、次の段落です。THERE ARE NO WARRANTIES ...(保証は付与されない…)と、買主にとっては聞き捨てならない言葉で始まっている点が、大変重要なポイントになっています。

では、どういう点に注意したらよいか、以下で説明していきます。

欠陥(defect)の概念をしっかり理解する

8.1では2点について保証しています。

一つ目はthe Products shall conform ... to the specifications set forth in Exhibit A(本製品は別添A記載の仕様を有する［合致する］)と保証しており、二つ目はwill be free from defects in material and workmanship(材料及び製造上の欠陥がない)ことを保証しています。

ここまで読んでくると、これはいたれり尽くせりだ、これ以上の保証はないだろう、と思われるかもしれません。

しかし、ここに大変なものが排除されています。

これを理解するにはまず、defect「欠陥」というものの概念を理解する必要があります。例えば、PL(Product Liability、製造物責任)の場合、欠陥には3種類があります。

一つは製造(manufacture)上の欠陥、つまり製造工程でネジが1本抜けていて壊れた、などという場合。

二つ目が設計(design)上の欠陥、つまりもともと安全な設計ではなかった、という場合。

三つ目が警告(warning)上の欠陥です。これは皆さんもご存じのように、ファーストフード店で、ホットコーヒーをこぼして火傷をしたおばあさんが勝訴して、多額の賠償金を得ました。

実は、二つ目と三つ目の欠陥が非常に大きなPL上の欠陥なのです。

ところが、8.1条で保証している「欠陥」はmaterialとworkmanshipのみで、いずれも製造上の欠陥です。つまり設計と警告については保証していないということになります。

昨今、製造品質は非常に高度になってきていますので、製造上での欠陥が起こることはほとんどありません。

アメリカにおけるＰＬ訴訟の９割は製造以外の欠陥で起きています。ということで、これは非常にトリッキーな落とし穴となっています。

このように、「保証」や、次に読む「免責」などといった重要な条項に限って分かりにくい表現が並んでいる場合が多いので、そういうときには、「結果として一体何が保証されるのか」ということを具体例で示してもらうことが重要です。

それをメモに残しておくことによって、解釈が可能になります。

「明示的保証(express warranties)」と「黙示的保証(implied warranties)」

次に、２段落目を見てください。なぜ大文字になっているかという点については後述（p.170）しますが、まずは冒頭の部分をご説明します。

１行目に、EXPRESS OR IMPLIED（明示的もしくは黙示的）とありますが、これは「保証」の種類を表しています。

英米法系の国では、保証に明示（express）と黙示（implied）があります。

「明示的保証（express warranties)」というのは、口頭、書面を問わず、明示的に保証するというものです。

「黙示的保証（implied warranties)」は、法律が自動的に付与する保証義務を指します。つまり、売主が商品を買主に売った場合、保証しますよと明示的に言わなくても、保証が自動的に付いてくるということです。

では、黙示的保証に何が入るかというと、まずIMPLIED WARRANTY OF MERCHANTABILITY（商品性に関する黙示的保証）というものがあります。これは、一定の商品として備えているべき機能や品質を備えているという保証を指します。

したがって、不具合があれば、IMPLIED WARRANTY OF MERCHANTABILITYの違反だということで、是正する義務が出てきます。無償で修理をするとか、交換するという一般の保証の義務に相当するものです。

これに対して、(IMPLIED WARRANTY OF) FITNESS FOR A PARTICULAR PURPOSE（特定の目的への適合性［に関する黙示的保証］）というのは非常に特殊な保証です。

どういう内容かというと、買主から特定目的を示された場合、それに見合うものを売主が選択し、用意する責任を負うというものです。その責任は「明示しなくても保証」される、つまり「黙示的に保証」されます。

例えば、体重がものすごく重そうな人が家具屋へ行って「僕が座れる椅子をください」と言い、店員が出したものを買っていく。ところが家へ帰って座ってみたら壊れてしまったという場合があります。

これはまさに「特定の目的への適合性に関する黙示的保証」に対する違反となります。

英米法における「保証」

- **Warranty （保証）**
  - **Express warranty （明示的保証）**
  - **Implied warranty （黙示的保証）**
    - **of merchantability （商品性）**
    - **of fitness for a particular purpose （特定目的への適合性）**

「保証の排除」

さて、売主側としてはこうした義務が付いてくるのは嫌なものです。とりわけ期間制限がなく、未来永劫こうした義務が付いてくるのではたまりません。

そこでどうするかというと、保証の「排除（disclaimer）」という措置を取ります。上記の表にある保証（黙示的保証のみならず、明示的保証も含め）をいったん、オールクリアにするのです。

この「保証を排除するための文章」というのが、第２段落の大文字の文章、いわゆる「保証の排除」です。

つまり、8.1条というのは、この「排除」が入ることによって、売主側は法律で黙示的に付与される保証とか、契約の外で取り交わされる保証をすべて排除し、その代わり、第１文目に書いてあることのみ保証しますよ、という内容なのです。

第２段落が大文字になっているのは、UCC（アメリカの統一商事法典）において、「保証の排除」を規定する場合にその条項への注意を喚起することが規定されているためです。これは買主を保護するためです。注意の喚起方法としては、大文字にするほか、赤字にする、下線を引く、枠で囲むなど、いろいろなものがあります。

(2) 製造物責任免責（Product Liability Indemnity）

条項例

…p.165の8.1より続く

8.2 Product Liability Indemnity

Each Party agrees to indemnify, defend and hold harmless ① the other from and against any liabilities, claims, demands, damages and losses arising out of ② the death of or injury to any person or damages to any property alleged to ③ have resulted from a defect in or malfunction of any Product ④ , to the extent that such alleged defect or malfunction resulted from any breach ⑤ by such Party of its respective obligations under this Agreement.

訳例

8.2 製造物責任免責

各当事者は、本製品の欠陥または不具合に起因するものと主張された人的死傷もしくは物的損害から発生する損害賠償責任、請求、法律上の要求、損害及び損失について、他方当事者を免責、防御し、補償することに同意する。ただし、申し立てられた、かかる欠陥または不具合が本契約に基づく各義務に対し当該当事者が違反したことに起因する範囲に限る。

語句チェック

① indemnify, defend and hold harmless　免責、防御し、補償する
　※下記解説を参照。
② arise out of ～　～から生じる
③ (be) alleged to ～　～であると申し立てられた
④ defect in or malfunction of (any) Product　本製品の欠陥または不具合
　※defect「欠陥」と malfunction「不具合」の違いについては、p.115 参照。
⑤ breach　違反

■ **解説**

これは「製造物責任免責（Product Liability Indemnity）」と呼ばれる条項ですが、この条項を読んでいただくと、まさに先ほどの defect「欠陥」の概念（p.167）とリンクしているのが分かります。

まず冒頭で、Each Party agrees to indemnify, defend and hold harmless（各当事者は免責、防御し、補償することに同意する）とあります。

indemnify は「免責する」、defend は「防御する」、hold harmless は「損害賠償責任を負った場合には補償する」という意味で、これは免責条項の慣用的表現です。

何から免責するかというと from and against any liabilities, claims, demands, damages and losses「損害賠償責任、請求、法律上の要求、損害及び損失から」とあります。

こうしたものが何から発生したかというと arising out of the death of or injury to any person or damages to any property alleged to have resulted from a defect in or malfunction of any Product「本製品の欠陥または不具合に起因するものと主張された人的死傷もしくは物的損害から発生する」とあります。

カンマの後に続く to the extent that ... は「～の範囲で」という意味ですが、どういう範囲かというと such alleged defect or malfunction resulted from any breach by such Party of its respective obligations under this Agreement（申し立てられた、かかる欠陥または不具合が本契約に基づく各義務に対し当該当事者が違反したことに起因する）範囲に限って免責をする、とあります。つまり、契約上義務がない部分については免責しない、と言っているわけです。先ほどの保証のところ（p.165）では、設計・警告上の「欠陥」が外されていたので、つまり「それらの欠陥については責任を負わない」というふうに読めるわけです。

第7章

英文契約書の読み方

How to read English-language contracts

7-1

秘密保持契約書を読む

Non-Disclosure Agreements

1. 秘密保持契約の心得――NDA神話を捨てる

秘密保持契約書（Non-Disclosure Agreement：NDA あるいは、Confidentiality Agreement：CA）は、契約交渉に入る前に、開示する企業情報の秘密を保持する義務について規定するために締結する契約書です。

NDA を大別すると、秘密情報の開示が一方的な場合の「片務的 NDA（unilateral NDA）」、秘密情報の開示が双方向的な場合の「双務的 NDA（bilateral NDA あるいは mutual NDA）」の２種類に分類できます。

本書では、後者を例にとって、解説していきます。

このＮＤＡに関しては企業の方々にとっては、日頃最も頻繁に締結している非常に身近なものといえるでしょう。

多くの企業では、一般的な NDA のひな型を持っており、新しい取引先とビジネスを開始する場合に、そのひな型を使用して取引先と締結しています。

NDA を締結すれば、こちらから開示する秘密情報はすべて NDA で法的にカバーされるので秘密情報を開示しても法的に保護されていると考えられがちです。これは「NDA 神話」と呼ばれるもので、実は秘密保持契約に伴うリスクを見誤る原因になるといえます。

秘密保持契約で実際に法的に保護される場合というのは、実は限定的なものです。そのため、秘密保持契約を締結する際には、十分な注意が必要です。

まずは、NDA 神話に対し疑問を示す以下の4点を読んでいただき、秘密保持義務の違反があった場合に、十分な法的救済が受けられない理由を見てください。「秘密保持契約＝万能」という考えを持つことの危うさを認識していただければと思います。

■NDAが“万能”でない理由

（1）記録を取っていないことが多く、対象の秘密情報を相手方へ渡した事実の証明が難しい

（2）漏洩など、相手方の違反事実の証明が極めて困難（事実上不可能）

（3）相手方の情報取扱者（さらには相手方の外注先の社員まで）を管理することは事実上不可能

（4）被った損害の立証が困難（事実上不可能）

以上から、秘密情報が、秘密保持契約書だけではいかに保護されにくいかが、お分かりいただけたと思います。

ではどうしたらよいのでしょうか。何よりもまず、相手方に与える秘密情報は必要最小限にとどめてリスクを軽減するべきです。

■秘密保持のための対策

そのうえで、以下の対策を取ることができます。

（1）漏洩事実の証明を行いやすくするために、開示された秘密情報をしっかり管理し（個人情報と同じように別管理し)、漏洩があった際は、漏洩ルートを追跡できるようにしておく

（2）相手方の取扱者と管理責任者をNDA 上で特定しておき、管理の徹底を要求する

（3）違反行為に対して損害賠償請求が直ちに可能となるように、違約金（ペナルティー）を定めておき、直ちに法的救済が得られるようにしておく

2. 実際に秘密保持契約書を読む

(1) ケーススタディ

ここからは、実際のケースに見立てて、秘密保持契約書を読みます。

> Case:1
>
> 日本法人の自動車製造会社であるX社（売主）と米国法人の商社であるY社（買主）が商品売買の取引交渉をスタートすることになりました。両社では交渉を開始するに当たって、相互に秘密情報を開示することから、秘密保持契約を締結することになり、X社からY社へドラフトが提示されました。

秘密保持契約

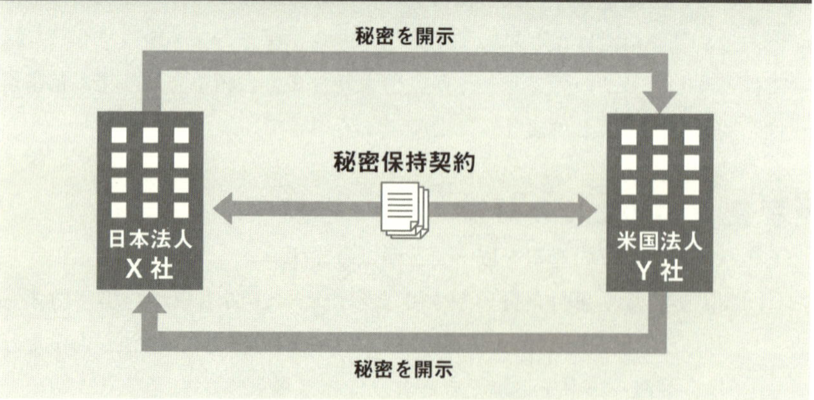

まず、秘密情報の流れを正確に把握することが重要です。どのような価値の秘密情報がどちらからどちらへ開示されるのかを正確に把握する必要があります。双方向に秘密情報を開示する場合でも、秘密情報の価値の偏りがあるはずなので、その場合に、開示する秘密情報の価値が大きい立場の場合に

は、秘密保持義務を強化する方向へ修正すべきですし、反対に、開示する秘密情報の価値が比較的小さい立場の場合には、秘密保持義務を弱める方向へ修正すべきです。

(2) 秘密保持契約書の構成例

(3) 秘密保持契約書の条項を読む

英文及び日本語訳は一例です。使用の際は弁護士から法的アドバイスを受けてください。

表題・前文

条項

MUTUAL NON-DISCLOSURE AGREEMENT

THIS AGREEMENT, made and entered into① as of this 10th day of May, 2009 (hereinafter referred to as "Effective Date") between X, Ltd., a corporation duly organized and existing under the laws of Japan, having its registered office at 1-1-X, Shinjuku, Shinjuku-ku, Tokyo, Japan (hereinafter referred to as "Company X") and Y, Inc., a corporation duly organized and existing under the laws of the State of New York, having its registered office at 730 Lexington Avenue, New York, New York, USA (hereinafter referred to as "Company Y"), (hereinafter Company X and Company Y referred to as "Party" respectively and "Parties" collectively),

WITNESSETH:

WHEREAS, each Party (hereinafter referred to as "Disclosing Party②") is willing to disclose such confidential information to the other Party (hereinafter referred to as "Receiving Party③") only in exchange for the Receiving Party's execution④ of this Agreement;

NOW, THEREFORE, in consideration of⑤ the foregoing premises and mutual promises hereinafter contained, the Parties hereto agree as follows:

訳例

相互秘密保持契約書

本秘密保持契約書は、2009年5月10日（以下、「発効日」という）に、日本の法律に基づき有効に組織され存続し、その本社を日本国東京都新宿区新宿1丁目1番地Xに有するX社（以下「X社」という）、ならびにニューヨーク州の法律に基づき有効に組織され存続し、その本社を米国ニューヨーク州ニューヨーク市レキシントン通り730に有するY社（以下「Y社」という）（以下X社とY社は個別に「当事者」と、総称して「両当事者」という）との間に締結される。

前文

各当事者（以下「開示当事者」という）は、他方当事者（以下「受領当事者」という）に対して、本秘密保持契約の履行の見返りとしてのみ、秘密情報を開示することを望んでいる。

したがって、上記前提条件及び本契約の以降に記載した相互の合意事項を約因として、本契約当事者は、次のとおり合意する。

語句チェック

① (be) made and entered into　締結された
※ p.112参照。
② Disclosing Party　開示当事者
③ Receiving Party　受領当事者
④ execution　履行
⑤ in consideration of ～　～を約因として
※ p.79参照。

■ 解説

まず、秘密情報がどのように流れるのかを、把握しておく必要があります。ここでは、表題に、MUTUAL NON-DISCLOSURE AGREEMENT「相互秘密保持契約書」とあります。つまり、相互に秘密情報を開示する場合に使用する契約書になります。

双方が秘密を開示するため、前文にeach Party (hereinafter referred to as "Disclosing Party")（各当事者［以下「開示当事者」という］）とあり、disclose such confidential information to the other Party (hereinafter referred to as "Receiving Party")（他方当事者［以下「受領当事者」という］に対して、秘密情報を開示することを望んでいる）とあります。つまり双方がDisclosing Partyとなり、Receiving Partyとなるということです。

これが「片務的NDA（unilateral NDA)」の場合は、秘密を開示する側がDisclosing Party（開示当事者）、開示される側がReceiving Party（受領当事者）となり、受領当事者が一方的に秘密保持義務を負うことになります。

定義

条項

Article 1. Definitions

The term "Confidential Information" shall mean and refer to all confidential or proprietary information ①, protocol, documents, samples and materials owned by, licensed to or under the control of Disclosing Party regarding Disclosing Party's clients' new models manufactured or to be manufactured by the Disclosing Party's client, including but not limited to ② all features, performances, information of new models, ideas, designs, research results, source code information, know-how, business methods, production plans and marketing plans, whether printed or in machine-readable ③ form or otherwise, designated and/or marked by Disclosing Party as "Confidential"④ when disclosed to Receiving Party.

訳例

第1条　定義

「秘密情報」とは、開示当事者のクライアントによって製造されたか、製造される開示当事者のクライアントの新モデルに関して、開示当事者が所有するか、開示当事者に使用が認められたか、または開示当事者の管理下にある秘密もしくは財産権的情報、議事録、文書、サンプル及び資料の一切を意味する。かかる情報には、開示当事者によって開示された際に「秘密」と明示もしくは表示された新モデルの特徴、性能、情報、アイデア、デザイン、研究結果、ソースコード情報、ノウハウ、ビジネス方法、生産計画及びマーケティング計画の一切（印刷物であるか機械可読な形式であるかその他であるかを問わない）が含まれるものとする（ただしこれらに限定されるものではない）。

語句チェック
① confidential or proprietary information　秘密もしくは財産権的情報
② including but not limited to ～　～を含むがそれに限定されない
※ p.93 参照。
③ machine-readable　機械可読な
④ designated and/or marked as "Confidential"　「秘密」と明示もしくは表示された

■ 解説

NDA の対象となる「秘密情報」の定義をしています（秘密情報の一般的な定義については、p.129 の一般条項「秘密保持」の解説も参照してください）。この定義によって「秘密情報」の範囲を広くすることも狭くすることも可能です。抽象的な記載では、範囲が広く解釈される恐れがあり、契約が無効とされる可能性もありますので、具体的に規定すべきです。

また、秘密情報をリストアップした文書を添付するか、秘密情報を開示するたびに記録や書面（受領書など）に残しておくといった対策も必要となってきます。

第三者開示及び目的外使用の禁止

条項

Article 2. Prohibition for Disclosure and Other Use

For a period of ① three (3) years from the date of disclosure of the Confidential Information (the "Confidential Period"), Receiving Party agrees to safeguard and hold in trust and confidence ② and not to disclose to any third party the Confidential Information disclosed by Disclosing Party and not to use the Confidential Information for any purpose other than the Purpose hereunder.

訳例

第２条　第三者開示及び目的外使用の禁止

秘密情報の開示日から３年間（以下「秘密期間」という）、受領当事者は、開示当事者が開示した秘密情報を安全かつ秘密裡に保管し、いかなる第三者にも開示せず、本契約の目的以外に使用しないことに合意する。

語句チェック

① for a period of ～　～の期間
② safeguard and hold in trust and confidence　安全かつ秘密裡に保管する
※safeguard は「守る」、hold in trust は「保管する」の意。

■ 解説

受領した秘密情報の第三者への開示と目的外使用を禁止し、その義務期間を規定しています。義務期間は the Confidential Period（秘密期間）とありますが、これは受領した秘密情報の性格や寿命を考慮のうえ、合意されます。ここでは

For a period of three (3) years from the date of disclosure of the Confidential Information（秘密情報の開示日から３年間）となっています。

NDA には秘密保持の義務期間が定められていないものもあり、その場合は「永久」に義務を負うということを意味します。受領当事者にとっては、一定の秘密期間を規定した方が、リスクが軽減されるので有利といえるでしょう。

例外

条項

Article 3. Exceptions

Receiving Party agrees that with respect to the Confidential Information, it will:

(i) disclose such Confidential Information to only those employees whose duties justify a "need-to-know" ① and who would have executed ② a confidentiality agreement in which such employees have agreed not to disclose and to hold confidential all confidential information and materials (inclusive of those of third parties) which may be disclosed to them or to which they may have access ③ during the course of their duties. In the event of any breach ④ by any of the employees of Receiving Party of the confidentiality agreement, Receiving Party shall upon request of Disclosing Party enforce ⑤ that confidentiality agreement;

(ii) use the strictest degree of care and scrutiny ⑥ to avoid disclosure, publication, or dissemination ⑦ as Receiving Party would use with respect to its own confidential information; and

(iii) ensure that all written materials relating to or containing the Confidential Information be maintained in a restricted access area ⑧ and plainly marked to indicate the secret and confidential nature thereof to prevent unauthorized use or reproduction⑨ thereof.

訳例

第３条　例外

受領当事者は、秘密情報に関して下記の項目に同意する。

(i)　受領当事者は、業務上「知る必要がある」ことが正当であり、かつ秘密保持契約を締結した従業員にのみ開示する。当該契約において、かかる従業員は、従業員に開示されるか、もしくは業務中にアクセスできる秘密情報及び資料（第三者の秘密情報及び資料を含む）の一切を開示せず、秘密として保つことに同意している。受領当事者の従業員が本契約に違反した場合は、受領当事者は開示当事者の要請に応じて、秘密保持契約を行使する。

(ii)　受領当事者は自らの秘密情報と同様の最も厳格な注意を払って、情報が第三者に開示、公表または流布されるのを避ける。

(iii)　秘密情報に関する、またはそれを含む一切の資料は、権限のない使用または複製を防ぐため、入室禁止区域に保管し、これらが秘密の性格のものであることを明示する。

語句チェック

① "need-to-know"　「知る必要がある」
② execute　締結する
　※p.92参照。
③ have access　アクセスできる
④ breach　違反
⑤ enforce　権利行使する、執行する
　※p.91参照。
⑥ strictest degree of care and scrutiny　最も厳格な注意
⑦ disclosure, publication, or dissemination　開示、公表または流布
⑧ restricted access area　入室禁止区域
⑨ unauthorized use or reproduction　権限のない使用または複製

■ 解説

NDA の秘密保持などの義務の例外を規定する条項です。

(i) では、秘密情報へアクセスする必要のある従業員等への例外的な秘密情報の開示の許可を規定しており、(ii) ではその条件として第三者への開示を避けること、(iii) でさらに、秘密保持措置を取る義務を負うことを規定しています。

(i) で、秘密保持契約を締結した、those employees whose duties justify a “need-to-know”（業務上「知る必要がある」ことが正当である従業員）には、例外的に秘密情報の開示を認めていますが、この業務上「知る必要があることが正当な従業員」というのは、例えばX社の担当部署のスタッフでこのプロジェクトに現実に従事する社員などが考えられます。

秘密情報の範囲

条項

Article 4. Scope of Confidential Information

It is understood, however, that the foregoing exceptions in Article 3 above shall not apply to any portion of the Confidential Information which:

(i) at the time of disclosure, is or becomes part of the public domain① through no fault of② Receiving Party; or
(ii) after disclosure by Disclosing Party, is published or becomes generally available to the public, otherwise than through any act or omission③ on the part of Receiving Party;
(iii) is in the lawful possession④ of Receiving Party at the time of disclosure, as can be shown to by reasonable written record, and which was not acquired directly or indirectly from Disclosing Party;

(iv) is rightfully acquired ⑤ from a third party who did not obtain it under any obligation of confidentiality to Disclosing Party or any another person;

(v) is required to be disclosed by administrative or judicial action ⑥ provided that Receiving Party immediately after receiving notice of such action notifies Disclosing Party of such action to give Disclosing Party the opportunity to seek any other legal remedies ⑦ to maintain such Confidential Information in confidence as herein provided; or

(vi) is approved for disclosure by written authorization of Disclosing Party.

訳例

第４条　秘密情報の範囲

ただし、上記第３条の例外は以下の秘密情報には適用しないことに合意する。

(i) 開示の時点で受領当事者の責によらず公知であるか、または公知となった秘密情報。

(ii) 開示当事者による開示の後、受領当事者に起因する行為または遺漏によらずして公表されるか、または公知のものとなった秘密情報。

(iii) 開示の時点で受領当事者が適法に所有していたことを、妥当な書面の記録により証明しうるとともに、開示当事者から直接または間接に取得したものではない秘密情報。

(iv) 開示当事者またはその他の者に対して秘密保持義務を負わない第三者から適法に取得した秘密情報。

(v) 行政もしくは司法により開示が要求された秘密情報。ただし、受領当事者はかかる開示要求の通知を受け取り次第、直ちにその要求を開示当事者に通知し、本契約の規定どおりにかかる秘密情報を秘密として保持するために、他の法的救済策を探し出す機会を与える。
(vi) 開示当事者の書面による許可により、開示が承認された秘密情報。

語句チェック

① public domain　公有
※著作権や特許などが公有であり、自由に使用できること。
② through no fault of ～　～の責によらず
③ omission　遺漏
④ be in the lawful possession　適法に所有して
⑤ be rightfully acquired　適法に取得された
⑥ administrative or judicial action　行政もしくは司法の措置
⑦ legal remedy　法的救済策

■ 解説

公知情報、正当権限による第三者からの取得など、秘密情報の対象とならない除外事由を規定しています。

(i) と (ii) では、受領当事者の過失なく、公知となった情報を規定しています。(iii) では、受領当事者がすでに正当に保有してした情報を規定しており、(iv) では、受領当事者が第三者から正当に受領した情報を規定しています。(v) では、行政や司法によって開示を要求された情報を規定しており、(vi) では、開示当事者から書面の許諾を得た情報を規定しています。

(v) の「法的救済策を探し出す機会を与える」という点は具体的には、例えば裁判所の秘密保持命令を得るなどといったケースが考えられます。

この「秘密情報の範囲」条項によって、このように秘密保持の目的が失われた場合に、それらを管理する必要がなくなります。

帰属

条項

Article 5. Ownership

All Confidential Information disclosed hereunder, and all inventions① and developments② which arise from such Confidential Information, shall be and remain the sole property of③ Disclosing Party or its client.

訳例

第5条　帰属

本契約に基づいて開示される一切の秘密情報、ならびに当該秘密情報から生じる一切の発明及び開発は、開示当事者またはそのクライアントが継続して独占的に所有するものとする。

語句チェック

① invention　発明
② development　開発
③ sole property of ～　～の独占的所有物
※ property は「所有物、所有権」の意。

■ 解説

開示された秘密情報の知的財産権の帰属が開示当事者であることを規定しています。ノウハウなどは権利の帰属が明確に証明できなくなる場合が多いので、この規定が設けられています。

ここで注意すべきは、この条項が、第8条「非実施許諾」(p.191)の「受領の相手方に何ら権利付与を行わない」という規定につながっていくという点です。

独自の開発

条項

Article 6. Independent Developments

This Agreement shall not restrict or prohibit Receiving Party from independently developing ①, producing or distributing its products or service which is the same as or similar to the Confidential Information or the products using the Confidential Information which Disclosing Party has provided to Receiving Party.

訳例

第６条　独自の開発

本契約は、受領当事者が、開示当事者が受領当事者に提供した秘密情報か、または当該秘密情報を利用した製品と、同一もしくは同様の、製品もしくはサービスを、独自に開発、製造、販売することを制限もしくは禁止しないものとする。

語句チェック

① independently develop　独自に開発する
※受領した秘密情報に依拠しないで独自開発するという趣旨です。

■ 解説

受領当事者は受領した秘密情報（またはそれに依拠した製品）と、同一または同様の製品やサービスを開発することが全面的に禁止されないと規定しています。つまり、受領した秘密情報に依拠しないで独自開発することは可能であるという趣旨です。

返還

条項

Article 7. Return

Upon Disclosing Party's request, ① Receiving Party agrees to return all of the Confidential Information together with any copies of the same within fourteen (14) days after ② Disclosing Party makes written request for the return of the Confidential Information.

訳例

第７条　返還

受領当事者は、開示当事者の要請があった場合、開示当事者が秘密情報の返還を書面で要求した後14日以内に、すべての秘密情報をその一切の複製物とともに返還することに同意する。

語句チェック

① upon one's request　～の要請により
② within ～ days after ...　…後～日以内に

■ 解説

本来は、受領した秘密情報の役目が終了したら、当該秘密情報は直ちに返還する、あるいは破棄するのが当然ですが、ここでは開示当事者の要求があれば14日以内に返還することが規定されています。このように期日を規定するだけでなく、秘密情報の返還や破棄の方法まで詳細に定めた条項もよく見られます。

また、「社員の頭に残った秘密情報」は返還や破棄することが不可能なので、それを第３条「例外」などにおいて除外する規定をしておく場合もあります。

さらに、本書で扱っている売買基本契約においても「秘密保持」の規定がありますが、「契約の存続条項」で、「秘密保持」は契約終了後も有効に存続すると規定するのが一般的です（p.141参照）。

非実施許諾

条項

Article 8. No License

Disclosure of the Confidential Information to Receiving Party hereunder shall not constitute any option ①, grant ② or license to Receiving Party under any patent ③, know-how ④ or other intellectual property rights ⑤ heretofore ⑥, now or hereinafter held by Disclosing Party.

訳例

第8条　非実施許諾

本契約に基づく受領当事者に対する秘密情報の開示は、開示当事者が過去、現在、将来に保有するいかなる特許、ノウハウ、その他の知的財産権に対して、受領当事者にいかなる選択権、権利付与もしくは実施権も構成しないものとする。

語句チェック

① option　選択権
　※ライセンスなどの権利取得の選択権を指す。
② grant　権利付与
③ patent　特許
④ know-how　ノウハウ（営業秘密）
⑤ intellectual property right　知的財産権
⑥ heretofore　過去
　※「以前」という意味。

■ 解説

開示当事者は秘密情報の開示によって、ライセンスなどの権利を何ら受領当事者に付与するものではないとする規定です。

ノーコミットメント
条項 Article 9. No Commitment It is understood and agreed that the disclosure by Disclosing Party of the Confidential Information hereunder shall not result in① any obligation on the part of either Party to enter into any further agreement with the other with respect to the subject matter hereof② or otherwise. 訳例 第９条　ノーコミットメント 本契約に基づく開示当事者による秘密情報の開示によって、一方の当事者が本件またはその他の事項に関して、他方当事者と何らさらなる契約を締結する義務を負わないことを了解し、合意する。

語句チェック

① result in ～　～をもたらす

② subject matter hereof　本契約の対象

※＝subject matter of this Agreement。

■ 解説

開示当事者は秘密情報の開示によって、受領当事者に対し、何ら取引のコミットをするものではないとする規定です。

救済

条項

Article 10. Remedies

It is agreed that Disclosing Party shall be entitled to obtain ① all appropriate relief ②, including injunctive and equitable relief ③, to enforce the provisions of this Agreement. This Agreement shall inure to ④ the benefit of ⑤ and be enforceable ⑥ by Disclosing Party, its representatives ⑦, successors ⑧ or assigns ⑨, and shall be binding upon ⑩ Receiving Party, its successors, representatives and assigns.

訳例

第10条　救済

開示当事者は、本契約に定める条項を行使するため、差止による救済及び衡平法上の救済を含む、あらゆる適切な救済を得る権利を有することに合意する。本契約は、開示当事者、その代表者、承継者または譲受人の利益のために効力を生じ、これらの者によって執行されるものとし、かつ受領当事者、その承継者、代表者及び譲受人に対して拘束力を有するものとする。

語句チェック

① be entitled to do　～する権利を有する
② appropriate relief　適切な権利救済
③ injunctive and equitable relief　差止による救済及び衡平法上の救済
④ inure to ～　～に効力を生じる
⑤ benefit of ～　～の利益
⑥ enforceable　強制できる、実施できる
※p.91 参照。
⑦ representative　代表者
⑧ successor　承継者
⑨ assign　譲受人
⑩ bind upon ～　～を法的に拘束する

■ 解説

一般条項の一つです。NDA やソフトウェアライセンス契約書によく見られる条項ですが、契約違反があった場合には、原則的な金銭的な損害賠償では不十分であり、例外的な差止などの衡平法上の救済を求めることができることに同意するものです。英米法の原則に沿った条項です。なお、第 16 条「準拠法及び裁判管轄」では準拠法を日本法と規定していますが、その場合もこうした規定がされることがあります。しかし日本法の下では無視できる条項です。

損害

条項

Article 11. Damages

Receiving Party agrees that in the event Receiving Party breaches① any provision hereof, Receiving Party shall be responsible for all the damages② occurred to Disclosing Party by such breach. Both Parties agree that in case of breach of duties hereunder by Receiving Party, Receiving Party shall pay Ten Million Japanese Yen (¥ 10,000,000.00) to Disclosing Party in order to compensate for③ the damages arising from such breach as a liquidated damages④.

訳例

第 11 条　損害

受領当事者が本契約の条件に違反した場合、受領当事者はかかる違反によって開示当事者に与えたすべての損害に対して責任を負うものとする。両当事者は、受領当事者が本契約に定める義務に違反した場合、かかる違反から生じた損害を補償するため、開示当事者に対し、約定損害賠償として日本円で¥ 10,000,000.- を支払うものであることに合意する。

語句チェック
① breach　違反する
② damage　損害
③ compensate for ～　～を補償する
④ liquidated damages　約定損害賠償

■ **解説**

一般条項の一つです。受領当事者が本契約の条項に違反した場合には、開示当事者に対して損害賠償を行う責任を負うとする規定です。

第２文目で違約金の規定をしています。これは、具体的に発生した損害賠償の立証が事実上難しいため、いわば「損害賠償の予約」をしているわけです。

権利放棄

条項

Article 12. No Waiver

Disclosing Party's waiver① of any breach or failure of Receiving Party to enforce any of the terms and conditions of this Agreement at any time shall not in any way affect, limit or waive Disclosing Party's right thereafter to enforce and compel② strict compliance with③ any of the terms and conditions thereof.

訳例

第12条　権利放棄

受領当事者による本契約の違反または不履行に対する開示当事者の権利放棄は、いかなる場合も、それ以降の本契約条項の行使及び厳格な遵守を強制する開示当事者の権利に、一切影響を及ぼさず、制限を加えず、または権利放棄とはならない。

語句チェック
① waiver　権利放棄
② compel　強制する
③ strict compliance with ～　～の厳格な遵守

■ **解説**

一般条項の一つです。受領当事者による本契約の条項違反や不履行に関する権利（損害賠償などの請求権）を、開示当事者がいったん放棄した場合であっても、それ以降も開示当事者が請求権を失うことにはならないとする規定です。

変更

条項

Article 13. Modification

No modification① of this Agreement shall be effective unless otherwise made in writing and signed by both Parties hereto.

訳例

第13条　変更

本契約の変更は、本契約の両当事者が署名した書面で行わない限り、効力を生じないものとする。

語句チェック
① modification　変更
※p.113も参照

■ **解説**

一般条項の一つです。署名された書面によらずに本契約の変更はできないと規定しています。

通知

条項

Article 14. Notice

Notices ① hereunder shall be in writing and shall be deemed ② duly given upon delivery to the appropriate address first set forth above ③.

訳例

第14条　通知

本契約の通知は書面で行われ、冒頭記載の適切な住所に配達された時点で正当に送達されたものとみなされる。

語句チェック

① notice　通知
② deem　みなす
③ first set forth above　冒頭に記載された

■ 解説

一般条項の一つです（p.144 も参照）。契約上の通知の方法と宛先を規定しています。be deemed duly given upon delivery（配達された時点で正当に送達されたものとみなされる）とありますので、「受信主義」を採っているものといえます（詳しくは p.145）。

完全合意

条項

Article 15. Entire Agreement

This Agreement constitutes the complete agreement between the Parties hereto and supersedes① and cancels any and all prior communications and agreements between the Parties hereto with respect to the subject matter hereof②.

訳例

第15条　完全合意

本契約は両当事者間の完全な合意を構成し、本件に関する両当事者間の従前の通信及び合意の一切に優先し、それらを無効とする。

語句チェック

① supersede　優先する
② subject matter hereof　本契約の対象
※= subject matter of this Agreement。

■ 解説

一般条項の一つ、完全合意条項です。詳しくは p.146 参照。

準拠法及び裁判管轄

条項

Article 16. Governing Law and Jurisdiction

This Agreement shall be governed by and construed① under the laws of Japan. Both Parties agree that the Tokyo District Court shall be the exclusive jurisdiction② to resolve any dispute③ between the Parties.

訳例

第16条　準拠法及び裁判管轄

本契約は、日本法に準拠し、それに従って解釈されるものとする。両当事者は、当事者間のいかなる紛争も東京地方裁判所を専属裁判管轄として解決することに合意する。

語句チェック

① construe 解釈する
② exclusive jurisdiction　専属裁判管轄
③ dispute　紛争

■ 解説

一般条項の一つです。準拠法を日本法、専属裁判管轄を東京地裁に規定しています。詳しくは p.148、156 参照。

取扱責任者

条項

Article 17. Person in Charge

Each Party shall designate a person in charge of maintaining and keeping the Confidential Information in confidence in accordance with relevant provisions of this Agreement as follows:

Company X: Jiro Yamaoka
Company Y: George Clinton

訳例

第 17 条　取扱責任者

各当事者は、本契約に従って秘密情報を秘密に保持する責任者を、下記のとおり指名する。

X社：山岡次郎
Y社：ジョージ・クリントン

■ 解説

NDAは違反されても救済を受けることが難しいので、契約を事実上守ってもらうために、各当事者の管理責任者を指名する規定がされています。

後文・署名

条文

IN WITNESS WHEREOF, the Parties hereto by their duly authorized representatives ① have caused this Agreement to be executed ② in duplicate upon the date first set forth above.

X, Ltd.	Y, Inc.
By : [Signature]	By : [Signature]
Name: Takao Kimura	Name: Steve Biden
Title: President	Title: President
Date:	Date:

訳例

上記の証として、本契約当事者は、両当事者の正当な権限を有する代表者をして、本契約２通を、頭書に述べた日付をもって、締結せしめた。

X社　　　　Y社

署名＿＿＿＿＿＿＿＿	署名＿＿＿＿＿＿＿＿
氏名：木村孝夫	氏名：スティーブ・バイデン
肩書：社長	肩書：社長
日付：	日付：

語句チェック
① duly authorized representative　正当に授権された代表者
② execute　締結する

■ 解説

すべての権限ある代表者が署名をすることにより、契約の効力を発効させます。これにより、法的拘束力を持つ契約書となります。

Coffee Break

トレード・シークレット（営業秘密）

トレード・シークレット（trade secret）とは、事業計画、販売・マーケティング計画、製品製造のノウハウ、顧客リストなどの営業秘密や、社員情報などの企業秘密のことです。英米法の下では早くから、トレード・シークレットが各州の判例法上保護されてきました。日本では不正競争防止法の改正により、一定の要件の下に法的に保護されることになりました。

ある情報がトレード・シークレットであると認められるためには、下記の３点を満たすことが必要です。

1．秘密管理性（当該秘密情報を秘密として管理していること）
2．有用性（事業活動に有用な情報であること）
3．非公開性（公開されていない秘密情報であること）

これらの要件を満たし法的に保護された秘密情報が、不正に使用されたり、開示されたりした場合には、権利者はそれを差し止める（違法行為を止めさせる）、あるいは発生した損害賠償を請求することができます。

売買契約書を読む

Sales Agreements

1. 売買契約交渉の心得

■売買基本契約書

売買契約書は売買契約の交渉で締結するものなので、もちろん、価格や仕様、引渡し条件、支払い条件、保証条件などが重要になりますが、その都度詳細な売買契約書を交渉・締結するのは大変な作業になり、時間が掛かります。単にワンショットのスポットの売買ではなく、一定期間の継続的な取引が予定されている場合（詳しくはp.47参照）には、あらかじめ重要な契約条件を当事者間で合意しておくと便利です。

そこで、重要な契約条件を当事者間で合意する契約書のことを「基本契約書（Master Agreement）」と呼んでいます。

基本契約書は売買契約に限りませんが、売買契約の場合を「売買基本契約書（Master Sale & Purchase Agreement）」と呼びます。その後に当事者間で行われる取引に対して、基本契約書の条件が適用されることになります。売買基本契約書では、個別の売買契約で記載される、商品、数量、引渡し時期などを除く、すべての詳細な契約条件が規定されます。

本書では、この売買基本契約書を詳しく読んでいきます。

■書式の戦い(Battle of Forms)

売買基本契約書の交渉と締結には時間が掛かることが多いので、売買基本契約書が締結されないで、個別の売買取引が先行することが多く見られます。

この場合には、注文書（Purchase Order）と注文請書（Sales Note、Order Acknowledgement）、あるいは、見積書（Quotation）と注文書の交換により、個別の売買契約が締結されることになります。しかしここで、もしも注文書や注文請書の裏面に「一般取引条項（General Terms & Conditions）」が印刷されていて、それに対して異議を唱えずに注文書や注文請書を発行すると、それに同意したと見なされる場合がありますので注意が必要です。

注文書とそれに対する注文請書の両方の裏面に一般取引条項が印刷されている場合には、書式の戦い（Battle of Forms）の状態になり、基本的には、両者が一致する範囲で合意が成立しますが、それ以外の相違点については合意は成立しないことになります。

2. 売買基本契約を締結する前のチェックポイント

売主の立場でチェックすべきポイントは、商品を売り渡した後で、問題になる条件としての保証条件、代金を回収するための支払い条件などが重要です。これらについては納得のいく交渉・合意をする必要があります。

他方、買主の立場でチェックすべきポイントは、商品を譲り受けた後で、問題になる条件としての保証条件、代金を支払うための支払い条件などが重要です。これらについても売主と同様に、納得のいく交渉・合意をする必要があります。

また、売主と買主双方に必須なのが、国際貿易の基礎知識の習得です。国際貿易条件や、L/C決済などについてしっかり把握しておきましょう。これらのごく基礎的な部分は、関連条項の解説で分かりやすくご説明していますので、ぜひ身に付けていただければと思います。

では、実際の条文を読みながら、理解していきましょう。

3. 実際に売買基本契約書を読む

(1) ケーススタディ

ここからは、実際のケースに見立てて、売買基本契約書を読みます。

> Case:2
>
> 日本法人のパソコン製造会社であるX社（売主）と米国法人の商社Y社（買主）が商品売買の取引交渉を開始することになり、X社から、Y社に対して売買基本契約書のドラフトが提示されました。

売買基本契約

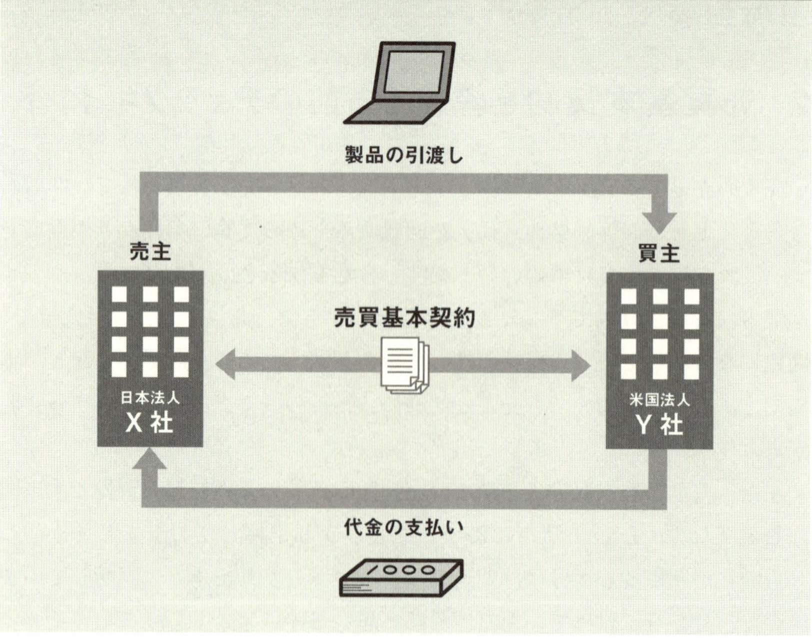

（2）売買基本契約書の構成例

表題・前文 (p.224)
第1条　定義 (p.125)
第2条　売買 (p.226)
第3条　本製品の仕様 (p.227)
第4条　発注及び購入数量予測 (p.228)
第5条　価格 (p.230)
第6条　引渡し (p.232)
第7条　支払い (p.237)
第8条　製造物責任 (p165)　※第6章3項で解説。
第9条　秘密保持 (p.127)
第10条　不可抗力 (p.130)
第11条　契約期間 (p.133)
第12条　契約期間満了前の解除 (p.134)
第13条　契約終了の効果 (p.140)
第14条　契約の存続条項 (p.141)
第15条　契約譲渡 (p.142)
第16条　通知 (p.144)
第17条　完全合意 (p.146)
第18条　準拠法 (p.148)
第19条　権利放棄 (p.149)
第20条　紛争及び仲裁 (p.151)
第21条　裁判管轄 (p.156)
第22条　可分性 (p.158)
第23条　代理関係 (p.159)
第24条　見出し (p.160)
後文・署名・立会人・添付書類 (p.240)

一般条項（第6章1～2項で解説）

第7章　英文契約書の読み方――売買契約書を読む

(3) 売買基本契約書例を総覧する

「売買基本契約書」のひな型を掲載しています。一般条項及び「製造物責任」条項を第6章で、それ以外を本章で解説しています。解説は英文条項の脇に表示したページをご参照ください。

英文及び日本語訳は一例です。使用の際は弁護士から法的アドバイスを受けてください。

MASTER AGREEMENT

THIS AGREEMENT, made and entered into on the first day of January, 2009, by and between Company X, a corporation organized and existing under the laws of Japan, with its principal place of business at 1-1-X Minato-ku, Tokyo, Japan (hereinafter referred to as "X"), and Company Y, a corporation organized and existing under the laws of the State of New York, with its principal place of business at New York, USA, (hereinafter referred to as "Y"),

➡P.224

WITNESSETH:

WHEREAS, X desires to sell certain products to Y; and
WHEREAS, Y desires to purchase such products from X for resale in Territory as defined herein.

NOW THEREFORE, in consideration of the premises and mutual covenants contained herein, the Parties hereto agree as follows:

Article 1. Definitions

In this Agreement, the following words and terms shall have the following meanings, unless the context requires otherwise:

1.1 "Products" shall mean the machinery and equipment which X designs and manufactures, as specified in Exhibit A as attached hereto.

➡P.125

1.2 "Territory" shall mean the geographical area of the USA.

基本契約書

本契約は2009年1月1日に、日本国法に基づき設立され存続し、日本国東京都港区1-1-Xに主たる営業所を有するX社（以下「X」という）と、ニューヨーク州法に基づき設立され存続し、米国ニューヨーク州に主たる営業所を有するY社（以下「Y」という）との間で締結される。

前文

XはYに対し、特定製品を販売することを希望し、YはXから当該製品を購入し、後に定義される販売地域において再販することを望んでいる。

したがって、本契約書に記載される前提及び相互の誓約を約因として、両当事者は、以下のとおり合意する。

第1条　定義

本契約においては、以下の用語は文脈上他の意味に解釈されない限り、以下の意味を有する。

1.1 「本製品」とは、本契約に添付される別添Aに記載のとおりの仕様を有するものであり、かつ、Xが設計・製造する機械及び器具を意味する。

1.2 「販売地域」とは、米国の地理的な領域を意味する。

Article 2. Sale and Purchase

X shall sell and deliver to Y, and Y shall purchase and take delivery from X, the Products as specified in Exhibit A hereto, for resale in the Territory, in accordance with the terms and conditions of this Agreement.

Each individual contract shall include name of the Product, quantity and delivery month, and shall become effective and binding upon the Parties at the time when X has accepted the order from Y. When the terms and conditions of an individual contract are inconsistent with the provisions of this Agreement, the terms and conditions of an individual contract shall prevail.

➡P.226

Article 3. Specifications of the Products

The Products to be delivered by X to Y under this Agreement shall, in all respects, conform to the specifications set forth in Exhibit A as attached hereto.

➡P.227

Article 4. Ordering and Forecast

4.1 Y shall place, to X, a firm order for the Products by the end of each month for the delivery from X to Y in the following month.

4.2 Y shall provide, to X, purchase volume forecast for the Products by the end of each month for the period of twelve months from the month after the next.

➡P.228

Article 5. Price

Unless otherwise agreed, the unit price payable by Y to X shall be one Million Japanese Yen ¥1,000,000 on an F.O.B. Yokohama basis, as defined by Incoterms 2000 as amended thereafter.

➡P.230

Article 6. Delivery

➡P.232

第２条　売買

Ｘは、本契約の条件に従い、別添Ａに記載されたとおりの本製品をＹに販売及び引渡し、ＹはＸからこれを購入、受領し、販売地域において再販する。

各個別契約には、本製品の名称、数量及び引渡月が含まれるものとし、かつＸがＹの注文を承諾した時点で発効し、両当事者に対して法的拘束力を有するものとする。個別契約の条件が本契約の条項と矛盾する場合、個別契約の条件が優先するものとする。

第３条　本製品の仕様

本契約に基づきＸがＹに引き渡す製品は、すべての点で、本契約に添付される別添Ａに記載される仕様に合致するものとする。

第４条　発注及び購入数量予測

4.1　ＹはＸに対し、ＸからＹへその翌月に引渡しを行うために、毎月末日までに本製品の確定注文を行う。

4.2　ＹはＸに対し、その翌々月から 12 ヵ月間の期間に対する本製品の購入数量予測を毎月末日までに提出する。

第５条　価格

別途合意する場合を除き、ＹがＸに支払う価格は、2000 年版及びその後の改訂版を含むインコタームズに定義される、FOB 横浜港条件で 100 万円とする。

第６条　引渡し

6.1 Unless otherwise agreed, the delivery of the Products by X to Y shall be in accordance with the terms and conditions of F.O.B. Yokohama, as set forth in Incoterms 2000 as amended thereafter, and the entire property, control, beneficial ownership and legal title in and to such Products and the risk of loss thereof shall pass from X to Y at such time as the Products shall have effectively passed the vessel's rail at a port of export in Japan.

6. 2 Both Parties agree that time is of essence for delivery of the Products, and in case of delay in delivery, X shall compensate for the damages caused by such delay.

Article 7. Payment

Unless otherwise agreed in writing, payment by Y to X shall be made in Japanese Yen by a documentary bill of exchange, without recourse against X and payable at sight, drawn under an irrevocable, confirmed, unrestricted letter of credit, to be issued in favor of X by a first-class bank, which shall have such validity as designated by X.

➡P.237

Article 8. Product Liability

8.1 Warranties

X warrants to Y that the Products, when delivered, shall conform, in all respects, to the specifications set forth in Exhibit A as attached hereto, and will be free from defects in material and workmanship.

➡P.165

THERE ARE NO WARRANTIES, EXPRESS OR IMPLIED, INCLUDING ANY IMPLIED WARRANTY OF MERCHANTABILITY OR FITNESS FOR A PARTICULAR PURPOSE, ON PRODUCTS SOLD TO Y EXCEPT AS PROVIDED IN THIS AGREEMENT. EXCEPT FOR ITS EXPRESS LIABILITY UNDER THE TERMS OF THIS AGREEMENT, X ASSUMES NO OBLIGATIONS OR LIABILITIES IN CONNECTION WITH SUCH PRODUCTS.

6.1 別途合意する場合を除き、XからYへの本製品の引渡しは、2000年版及びその後の改訂版を含むインコタームズに規定される、FOB横浜港の条件に従うものとする。当該製品に対する完全な財産権、管理権、受益的所有権及び法的権限、ならびに本製品の危険負担は、日本国の輸出港にて、本製品が船舶の欄干を有効に通り過ぎたときに、XからYに移転する。

6.2 両当事者は、本製品の引渡しにおいては期限が絶対条件であること、かつ、引渡しの遅延が生じた場合、Xはかかる遅延によって生じた損害について補償するものであることに合意する。

第7条 支払い

別途書面にて合意する場合を除き、YのXに対する支払いは、一流銀行がXを受益者として発行した、取消不能、確認済み、及び無条件の信用状に基づき振り出されたXに対して非遡求の一覧払い荷為替手形により日本円にて行われる。当該信用状の効力は、Xにより指定された有効期間を有するものとする。

第8条 製造物責任

8.1 保証

XはYに対し、本製品が引渡された時点において、すべての点において、本契約に添付される別添A記載の仕様を有し、かつ、材料及び製造上の欠陥がないことを保証する。

本契約に規定がある場合を除いて、Yに販売された製品には、商品性もしくは特定の目的への適合性に関する黙示的保証を含む明示的もしくは黙示的保証は付与されない。本契約の条件に基づく明示的責任を除いては、Xは、当該製品に関する義務または責任を負わない。

8.2 Product Liability Indemnity

Each Party agrees to indemnify, defend and hold harmless the other from and against any liabilities, claims, demands, damages and losses arising out of the death of or injury to any person or damages to any property alleged to have resulted from a defect in or malfunction of any Product, to the extent that such alleged defect or malfunction resulted from any breach by such Party of its respective obligations under this Agreement.

Article 9. Confidentiality

The information, documents, data and/or materials provided by one Party to the other Party shall be utilized by the other Party for the purpose of performing its responsibilities and obligations under this Agreement, and shall not be disclosed to a third party other than the Parties hereto; provided, however, that such other Party may disclose such information, documents, data and/or materials to a third party when required by law or judicial or other governmental proceedings to disclose them.

➡P.127

Article 10. Force Majeure

Neither Party shall be liable for failure to perform under this Agreement in the event that performance is rendered impossible due to force majeure, including but not limited to, acts of God, war, threat of war, warlike conditions, hostilities, mobilization for war, blockade, embargo, detention, revolution, riot, port congestion, looting, strike, lockout, plague or other epidemic, destruction or damage of goods or premises, fire, typhoon, earthquake, flood or accident, or due to acts of governmental or quasi-governmental authorities or any political subdivision or department or agency thereof, or due to any labor, material, transportation or utility shortage or curtailment, or due to any labor trouble at the place of business of either Party or their suppliers, or due to any other cause beyond the control of either Party.

➡P.130

Article 11. Term

➡P.133

This Agreement shall take effect on January 1, 2009, and shall remain

8.2　製造物責任免責

各当事者は、本製品の欠陥または不具合に起因するものと主張された人的死傷もしくは物的損害から発生する損害賠償責任、請求、法律上の要求、損害及び損失について、他方当事者を免責、防御し、補償することに同意する。ただし、申し立てられた、かかる欠陥または不具合が本契約に基づく各義務に対し当該当事者が違反したことに起因する範囲に限る。

第9条　秘密保持

一方の当事者が他方当事者へ提供した情報、文書、データもしくは資料は、他方当事者が本契約に基づく責任及び義務の履行を目的とするために使用することとする。かつ、当該他方当事者は、かかる情報、文書、データもしくは資料を本契約当事者以外の第三者に対し開示してはならない。ただし、当該他方当事者は、法律または司法もしくはその他の行政訴訟手続きにより、当該情報、文書、データもしくは資料を要求されたときは、第三者に対し開示できる。

第10条　不可抗力

いずれの当事者も、天変地異、戦争、戦争の怖れ、戦争類似の状況、敵対行為、戦時体制、封鎖、通商停止、拘留、革命、暴動、港湾の混乱、略奪行為、ストライキ、ロックアウト、伝染病もしくはその他の疫病、物資もしくは施設の破壊もしくは損傷、火災、台風、地震、洪水もしくは事故、または政府当局もしくは準政府機関またはいずれの政治的部門・部署・機関の行為による場合、または労働、資材、輸送手段もしくは公益設備の不足もしくは遮断、または各当事者もしくはその供給業者の事業所での労働争議、または各当事者の支配管理を超えた他のいかなる事項などにより義務の履行が不可能となった場合には、本契約に基づく義務の不履行について相手方当事者に対して責任を負わない。

第11条　契約期間

本契約は、2009年1月1日に発効し、発効後12カ月間効力を有する。た

in full force for a period of twelve (12) months unless terminated in accordance with the relevant provisions of this Agreement. This Agreement shall be renewed automatically for further twelve (12) month periods unless either Party has shown objection to the other Party in writing by six (6) months prior to the expiration or termination of this Agreement.

Article 12. Termination Before Expiration

12.1 Breaches of this Agreement

If either Party breaches any provision of this Agreement, the non-breaching Party shall have the right to terminate this Agreement by serving on such breaching Party sixty (60) days written notice specifying such breach; provided, however, that if such breach is cured during the period of such notice, this Agreement shall continue with the same force as if such notice had not been given.

12. 2 Occurrence of Certain Facts

If any of the following occurs on either Party, the other Party may forthwith terminate this Agreement, by serving on such Party written notice thereof: ➡P.134

(1) The property of either Party becomes subject to attachment, provisional attachment, provisional disposition, disposition by public sale, disposition for failure to pay taxes or any other similar disposition by a public authority;

(2) Either Party files a petition or has a petition filed against it by any person for corporate rehabilitation, corporate reorganization, bankruptcy or sale by public auction or similar procedure;

(3) Any note or draft issued by either Party is dishonored, or either Party otherwise becomes unable to make payments for its obligations;

だし、本契約の関連条項に従って解除される場合は、この限りではない。本契約は、12ヵ月宛に自動的に更新される。ただし、一方当事者が他方当事者に対し、本契約の終了または解除の6ヵ月前までに書面にて異議を通知した場合は、その限りではない。

第12条　契約期間満了前の解除

12.1　本契約の不履行

一方当事者が本契約条項の履行を怠った場合、無違反当事者は、違反当事者に対し、違反行為を明記した60日間の書面通知を行うことにより、本契約を解除する権利を有する。ただし、当該不履行が当該通知の期間内に是正された場合には、本契約は、上記の通知が行われなかったものとして従前と同じ効力を有し、存続するものとする。

12.2　特定事実の発生

下記のいずれかの事実が一方当事者に発生した場合には、他方当事者は当該当事者に対し、書面による通知を行うことにより直ちに本契約を解除することができる。

（1）一方当事者の資産に対し、差し押さえ、仮差し押さえ、仮処分、競売処分、税金滞納に対する処分または当局によるその他の類似した処分が行われた場合。

（2）会社更生、会社再建、破産または競売もしくは同様の手続きによる売却を理由として、一方当事者が自ら上記の申請を行う場合、または第三者が当該当事者に対し上記の申請を行った場合。

（3）一方当事者が発行した約束手形もしくは為替手形が不渡りになるか、または一方当事者が、その債務に対して上記以外の理由で支払いができなくなった場合。

(4) Serious change occurs in the assets, financial condition or business of either Party, and the attainment of the purpose of this Agreement thereby becomes impossible; or

(5) Merger, partition of business, or some other fundamental change of business structure occurs to either Party, as a result of which the continuation of this Agreement is rendered highly impracticable.

Article 13. Effects of Termination

Termination of this Agreement shall not affect any rights or liabilities accrued at the date of termination. Upon termination, of this Agreement, the duty to make payments under this Agreement shall become due and payable.

➡P.140

Article 14. Survival Provisions

Except for the obligations assumed by the Parties under Articles X, XX, XXX and XXXX hereof, upon expiration or termination, for any reason, of this Agreement, all rights accruing to either Party hereunder shall forthwith lapse.

➡P.141

Article 15. Assignment

Neither Party hereto shall assign or transfer this Agreement or any right or interest herein specified unless the other Party has given its prior written consent thereto except assignment to each Party's subsidiary or its parent company.

➡P.142

Article 16. Notice

Except as otherwise specifically provided in this Agreement, all notices and other communications required or permitted to be given under this Agreement shall be in writing and in the English language and shall be delivered personally or sent by confirmed telex or facsimile or registered or certified mail to the other Party to this Agreement at the following address:

➡P.144

(1) to X : President

（4）一方当事者の資産、財務状況もしくは事業に重大な変更が生じ、そのため本契約の目的の達成が不可能になった場合。または、

（5）一方当事者に対し、合併、会社分割、もしくはその他の事業構造に根本的な変更が発生した場合で、その結果、本契約の継続が極めて不可能である場合。

第13条　契約終了の効果

本契約の終了は終了日に成立している権利または責任に影響を及ぼさないものとする。本契約終了時に、本契約に基づく債務は支払われるものとする。

第14条　契約の存続条項

本契約第X条、第XX条、第XXX条及び第XXXX条に基づき当事者が負担する義務を除き、本契約の期間満了またはいかなる理由による解除後直ちに、本契約に基づき各当事者に対して生ずる一切の権利は効力を失う。

第15条　契約譲渡

本契約の当事者はいずれも、その子会社もしくは親会社への譲渡を除いて、他方当事者の書面による事前同意なくして本契約自体または本契約に規定される権利もしくは利益を譲渡してはならない。

第16条　通知

本契約上特別に規定する場合を除き、本契約に基づき実施が必要とされまたは実施が認められているすべての通知及びその他の通信は、英語による書面とし、直接手渡し、または確認付テレックスもしくはファクシミリ、または書留もしくは配達証明郵便にて、本契約の他方当事者に対し以下記載の住所宛に送付されるものとする。

（1）X社宛　　　　　社長

Company X
1-1-X Minato-ku
Tokyo, Japan
Telefax No. 03-0000-0000

(2) to Y: Managing Director
Company Y
New York City, USA
Telefax No. 01-000-0000

Article 17. Entire Agreement

This Agreement constitutes the entire and sole agreement between the Parties and supersedes all previous negotiations, discussions, agreements and commitments with respect to the subject matter hereof. This Agreement shall not be amended, altered, changed or modified in any manner, except by an instrument signed by the duly authorized representative of each Party.

➡P.146

Article 18. Governing Law

This Agreement shall be governed and construed in accordance with the laws of Japan.

➡P.148

Article 19. Waiver

The failure of either Party hereto at any time to require performance by the other Party of any responsibility or obligation hereunder shall in no way affect the full right to require such performance at any time thereafter. Nor shall the waiver by either Party of a breach of any provision hereof constitute a waiver of any succeeding breach of the same or any other provision hereof or constitute a waiver of the responsibility or obligation itself.

➡P.149

Article 20. Dispute and Arbitration

Any and all disputes concerning questions of fact or law arising from or in connection with the interpretation, performance, non-performance or termination of this Agreement including the validity, scope, or enforceability of this Agreement to arbitrate shall be settled

➡P.151

X社
日本国東京都
港区1－1－X
ファックス番号　03-0000-0000

（2）Y社宛　社長
Y社
米国ニューヨーク市
ファックス番号　01-000-0000

第17条　完全合意

本契約は、両当事者の完全かつ唯一の合意を構成し、本契約の事項に関する契約以前のすべての交渉、討議、合意及び公約に優先する。本契約は、各当事者の正当に授権された代表者が署名した文書なくしていかなる方式においても変更されない。

第18条　準拠法

本契約は、日本法に準拠し、日本法に基づいて解釈されるものとする。

第19条　権利放棄

本契約の一方当事者が他方当事者に対し、本契約に基づく責任または義務の履行を要求しなかった場合でも、それ以降の上記履行請求権には一切影響を及ぼさない。また一方当事者が本契約の条項違反を放棄したことにより、その一方当事者は、本契約の同一もしくはその他の条項に対するその後の違反の放棄を構成することはないか、または当事者の責任もしくは義務の放棄を構成することはない。

第20条　紛争及び仲裁

本契約の仲裁を行うための有効性、有効範囲、もしくは法的拘束力を含めて、本契約の解釈、履行、不履行もしくは解除から生じる事実問題もしくは法律問題に関するすべての紛争は、誠実に、かつできるだけ速やかに両当事者間で相互の話し合いをもって解決されるものとする。ただし、両当事者が友好的

by mutual consultation between the Parties in good faith as promptly as possible, but if both Parties fail to make an amicable settlement, such disputes shall be settled by arbitration in Tokyo in accordance with the rules of the Japan Commercial Arbitration Association. Such arbitration shall be conducted in English. The award of the arbitrators shall be final and binding upon the Parties.

Article 21. Jurisdiction

All actions or proceedings relating to this Agreement shall be conducted in the Tokyo District Court, and both Parties hereto consent to the exclusive jurisdiction of the said court.

➡P.156

Article 22. Severability

Should any provision of this Agreement be deemed to contradict the laws of any jurisdiction where it shall be performed or to be unenforceable for any person, such provision shall be deemed null and void, but this Agreement shall remain in force in all other respects.

➡P.158

Article 23. No Agency

Neither this Agreement nor a purchase order creates the relationship of principal and agent between X and Y or vice versa nor do they constitute a partnership or a joint venture between the Parties.

➡P.159

Article 24. Headings

Headings in this Agreement are included for convenience only and are not to be used for construing or interpreting this Agreement.

➡P.160

IN WITNESS WHEREOF, the Parties hereto have caused this Agreement to be executed in duplicate by their duly authorized representatives.

➡P.240

Company X

に解決できない場合には、当該紛争は東京において、JCAAの規則に従って仲裁により解決される。当該仲裁は、英語でなされる。仲裁人の裁定は両当事者に対して最終的であり、法的拘束力を有するものとする。

第21条　裁判管轄

本契約に関連するすべての法的手続は東京地方裁判所で行われるものとし、両当事者は東京地方裁判所を専属的管轄裁判所とすることに合意する。

第22条　可分性

本契約のいかなる条項も管轄法域の法律に抵触する、または何人に対しても法的拘束力を持たないとみなされた場合には、当該条項は無効とみなされる。ただし、本契約は他のすべての面においては有効に存続するものとする。

第23条　代理関係

本契約または購買注文のいずれもX社及びY社間に本人及び代理人の関係またはその逆の関係を構成しない。また、上記は、両当事者間にパートナーシップまたは合弁事業をも構成しない。

第24条　見出し

本契約における見出しは、便宜のためにのみ記載され、本契約の解釈のために使用されないものとする。

上記の証として、本契約当事者は、両当事者の正当な権限を有する代表者により本契約2通を締結せしめた。

X社

By:[Signature]
Name: Taro Kusano
Title: President

Witnessed in the presence of Mr. Jiro Yamada

Company Y

By:[Signature]
Name: Michael Obama
Title: Chairman of the Board of Directors

Witnessed in the presence of Mr. William Brown

Exhibit A
[Specifications of the Products]

署名 ____________________

氏名：草野太郎

肩書：社長

山田次郎氏の面前において締結された

Y社

署名 ____________________

氏名：マイケル・オバマ

肩書：取締役会長

ウィリアム・ブラウン氏の面前において締結された

- -

別添A

[本製品の仕様]

(4) 売買基本契約書の条項を読む

英文及び日本語訳は一例です。使用の際は弁護士から法的アドバイスを受けてください。

表題・前文

条文

MASTER AGREEMENT

THIS AGREEMENT, made and entered into on the first day of January, 2009, by and between Company X, a corporation organized and existing under the laws of Japan, with its principal place of business at 1-1-X Minato-ku, Tokyo, Japan (hereinafter referred to as "X"), and Company Y, a corporation organized and existing under the laws of the State of New York, with its principal place of business at New York, USA, (hereinafter referred to as "Y"),

WITNESSETH:

WHEREAS, X desires to sell certain products to Y; and
WHEREAS, Y desires to purchase such products from X for resale in Territory as defined herein.

NOW THEREFORE, in consideration of① the premises② and mutual covenants③ contained herein, the Parties hereto agree as follows:

訳例

基本契約書

本契約は2009年1月1日に、日本国法に基づき設立され存続し、日本国東京都港区1-1- Xに主たる営業所を有するX社（以下「X」という）と、ニューヨーク州法に基づき設立され存続し、米国ニューヨーク州に主たる営業所を有するY社（以下「Y」という）との間で締結される。

前文

XはYに対し、特定製品を販売することを希望し、YはXから当該製品を購入し、後に定義される販売地域において再販することを望んでいる。

したがって、本契約書に記載される前提及び相互の誓約を約因として、両当事者は、以下のとおり合意する。

語句チェック

① in consideration of ～　～を約因として
② premise　前提、前文、頭書
③ mutual covenants　相互の誓約

■ 解説

まず、表題がMASTER AGREEMENTとなっています。これは売買契約の基本契約書なので今後、継続的な取引が行われることを前提としています。個別の売買契約が締結されると、この基本契約の条件が適用されることになります。

頭書と前文の基本的な読み方については、第4章（p.56）の解説をご参照ください。

ここでは、具体的に売主と買主の関係に注目しながら見ていきます。まずWHEREAS句を見てみますと、WHEREAS, X desires to sell certain products to Yとあります。ここでは仮にcertain productsとしていますが、実際にはここに具体的な製品名が入ってくることもあります。また、次の定義条項（p.125で解説）で製品を定義する前なので、productsのように語頭が小文字のままです。別の契約書では、この前文で「具体的な製品名 + hereinafter more particularly specified ("Products")（以下でより詳しく明記される[本製品]）」

という記載をして定義を済ませてしまうことがあります。また、「具体的な製品名＋ as specified in Exhibit A（別添 A に規定されるとおりの〜）」とすることで特定することもあります。

さて、X 社が売主で、Y 社に製品を売りたいと記載され、次に WHEREAS, Y desires to purchase such products from X for resale in Territory as defined herein. と続き、Y 社は X から製品を買って販売地域で再販したいと記されています。したがって、ここに「約束＝対価関係」（p.36 参照）が生じるため、売買基本契約を成立させることとなります。

売買

条項

Article 2. Sale and Purchase

X shall sell and deliver to Y, and Y shall purchase and take delivery from X, the Products as specified in Exhibit A ① hereto, for resale ② in the Territory ③, in accordance with ④ the terms and conditions of this Agreement.

Each individual contract ⑤ shall include name of the Product, quantity and delivery month, and shall become effective and binding upon the Parties at the time when X has accepted the order from Y. When the terms and conditions of an individual contract are inconsistent with ⑥ the provisions of this Agreement, the terms and conditions of an individual contract shall prevail ⑦.

訳例

第2条　売買

本契約の条件に従い、Xは、別添Aに記載されたとおりの本製品をYに販売及び引渡し、YはXからこれを購入、受領し、販売地域において再販する。

各個別契約には、本製品の名称、数量及び引渡月が含まれるものとし、かつXがYの注文を承諾した時点で発効し、両当事者に対して法的拘束力を有するものとする。個別契約の条件が本契約の条項と矛盾する場合、個別契約の条件が優先するものとする。

語句チェック

① as specified in Exhibit A　別添 A に記載（規定、明記）されたとおり
　※ specify については p.78 も参照。
② resale　再販売
③ Territory　販売地域
　※第 1 条の「定義」条項の 1.2 (p.125) で定義された用語なので、語頭が大文字になっている。
④ in accordance with ～　～に従い
⑤ individual contract　個別契約
⑥ be inconsistent with ～　～と矛盾する
⑦ prevail　優先する

■ 解説

独立当事者で売主Xが買主Yに製品を売り渡し、買主はこれを Territory（販売地域）内で再販するために購入する、ということが明確に規定されています。

また、基本契約と個別契約とが矛盾する場合には、個別契約が優先されることも定めています。

本製品の仕様

条項

Article 3. Specifications of the Products

The Products to be delivered by X to Y under this Agreement shall, in all respects①, conform to② the specifications③ set forth in Exhibit A④ as attached hereto.

訳例

第３条　本製品の仕様

本契約に基づきＸがＹに引き渡す製品は、すべての点で、本契約に添付される別添Ａに記載される仕様に合致するものとする。

語句チェック

① in all respects　すべての点で
② conform to ～　～に合致する
※ conform は「一致する、準拠する」の意。
③ specifications　仕様
※複数形で上記の意味を表す。
④（be) set forth in Exhibit A　別添 A に記載（規定）された
※ set forth については p.117 も参照。

■ **解説**

別添Aに仕様書が添付されており、本件製品はその仕様に合致するということが規定されています。第6章（p.165）で解説した第8条「製造物責任」の「保証」では、この内容を保証しています。

発注及び購入数量予測

条項

Article 4. Ordering and Forecast

4.1 Y shall place, to X, a firm order ① for the Products by the end of each month for the delivery from X to Y in the following month.

4.2 Y shall provide, to X, purchase volume forecast ② for the Products by the end of each month for the period of twelve months from the month after the next.

訳例

第４条　発注及び購入数量予測

4.1　ＹはＸに対し、ＸからＹへその翌月に引渡しを行うために、毎月末日までに本製品の確定注文を行う。

4.2　ＹはＸに対し、その翌々月から12ヵ月間の期間に対する本製品の購入数量予測を毎月末日までに提出する。

語句チェック
① firm order　確定注文
② purchase volume forecast　購入数量予測

■ 解説

この「売買基本契約書」は一度限りの取引ではなく、継続的な取引を想定しているため、この条項で発注の手続きを規定しています。つまり買主が注文を行った月の翌月に売主は出荷するといった取引の基本的な枠組を定めておき、個々の受発注にそれを適用していくというわけです。

ここで特に注意すべきなのが、リードタイムについてです。

よく見られるのが、買主による製品発注のリードタイムと、売主による製品材料の発注のリードタイムが一致しないケースです。これは主に、売主が製品の部品や材料を調達するのにある程度の時間が掛かるために発生する不一致といえます。

例えば、売主は半年前に材料を発注していなければならないが、買主は注文を１年も先行させることはできないので、１、２ヵ月のリードタイムで確定した数量を注文するとします。

ところが実際は、材料発注を半年前に済まさなければいけない事情があるため、売主は半年前にたくさん注文が来ると思って発注していた。しかし、買主からの注文がなかった、ということになれば、材料は残ってしまいます。

そこで4.2条が重要になってきます。このリードタイムの不一致を調整するために、4.2条では買主が売主に対し、purchase volume forecast（購入数量予測）を提出するという規定をしています。

この条項では、向こう1年の購入数量予測を提出することになっていますが、売主としてはそれによってどの時期に注文が増えるか、あるいは減るかという大きな傾向を事前につかむことができます。

purchase volume forecast（購入数量予測）ですが、このforecast（予測）には法的な拘束力はありません。それに対して、4.1条のfirm order（確定注文）には法的拘束力があります。firm orderという言葉を使うことで、法的拘束力のないforecastと区別しています。

価格

条項

Article 5. Price

Unless otherwise agreed, the unit price payable① by Y to X shall be one Million Japanese Yen ¥1,000,000 on an F.O.B. Yokohama basis②, as defined by Incoterms 2000③ as amended thereafter.

訳例

第5条　価格

別途合意する場合を除き、YがXに支払う価格は、2000年版及びその後の改訂版を含むインコタームズに定義される、FOB横浜港条件で100万円とする。

語句チェック
① payable　支払うべき
② on an F.O.B. Yokohama basis　FOB 横浜港条件で
※ F.O.B. = Free on Board（本船甲板渡し条件）。詳しくは p.234 参照。
③ Incoterms 2000　2000 年版インコタームズ
※詳しくは解説参照。

■ 解説

「価格」条項では、契約商品の売買価格（単価、建値［事前に設定する価格］）、支払い通貨などについて規定しています。ただし、「売買基本契約」は、あくまで基本契約ですので、個別の売買契約で合意した条件が優先することになります。

1. インコタームズとは？（➡p.234も参照）

この条項の 3 行目に Incoterms（インコタームズ）という言葉が使われています。これは、国際貿易条件（international commercial terms）の通称です。

インコタームズは、パリに本部のある国際商業会議所（International Chamber of Commerce: ICC）が規定している貿易の取引条件で、アルファベット 3 文字（FOB、CIF、CFR、EXW など）でさまざまな貿易条件を出しています。

インコタームズは随時改訂されています。国際商業会議所日本委員会で日英版を出版しているほか、ウェブサイトで抜粋を読むこともできるようです。

条文にある、FOB（Free on Board：本船甲板渡し条件）は、輸出港での製品の引渡しを指します。

詳しくは、第 6 条「引渡し」条項の解説ページ（p.234）をご参照ください。

2.「価格」のリスク

「価格」条項では、使用する通貨や原料費の価格変動を想定したリスクを踏まえて、注意深く交渉することが重要です。

まず、考えられるリスクとしては、通貨の為替変動です。ここでは円建てか外貨建てかというのが非常に重要です。これは、為替リスクをどちらが負担するかということに直結しているためです。条文では、one Million Japanese Yen ¥1,000,000（100万円）とあり、円建てになっているので、買主側企業が為替リスクを負担すると解釈できます。

数字の表記についても注意が必要です。英文を見ると、アルファベットとアラビア数字を併記しています。これは、誤記と改ざんを防ぐ役目を果たしています（p.107参照）。

また、原料費など、インフレ・経済的事情による価格変動については、5%や10%といった大きな変動がある場合には価格の変更について交渉し、合意を得ることとする旨を規定しておく場合もあります。

引渡し

条項

Article 6. Delivery

6.1 Unless otherwise agreed, the delivery of the Products by X to Y shall be in accordance with the terms and conditions of F.O.B. Yokohama, as set forth in Incoterms 2000 as amended thereafter, and the entire property, control, beneficial ownership ① and legal title ② in and to such Products and the risk of loss ③ thereof shall pass from X to Y at such time as the Products shall have effectively passed the vessel's rail ④ at a port of export in Japan.

6.2 Both Parties agree that time is of essence for delivery of the Products, and in case of delay in delivery, X shall compensate for ⑤ the damages⑥ caused by such delay.

訳例

第６条　引渡し

6.1　別途合意する場合を除き、ＸからＹへの本製品の引渡しは、2000 年版及びその後の改訂版を含むインコタームズに規定される、FOB 横浜港条件に従うものとする。当該製品に対する完全な財産権、管理権、受益的所有権及び法的権限、ならびに本製品の危険負担は、日本国の輸出港にて、本製品が船舶の欄干を有効に通り過ぎたときに、ＸからＹに移転する。

6.2　両当事者は、本製品の引渡しにおいては期限が絶対条件であること、かつ、引渡しの遅延が生じた場合、売主はかかる遅延によって生じた損害について補償するものであることに合意する。

語句チェック

① entire property, control, beneficial ownership　完全な財産権、管理権、受益的所有権
② legal title　法的権限
③ risk of loss　損失に関するリスク
　※「危険負担」を指す。
④ vessel's rail　船舶の欄干
⑤ compensate for ～　～について補償する
⑥ damage　損害

■ 解説

本製品の引渡し条件を定める条項です。多くの売買契約書で本条項のようにインコタームズが使用されます。

次ページ以降で、インコタームズと貿易の取引条件、所有権の移転について詳しく見ていきましょう。

1. インコタームズの貿易条件

(1)FOB

ここでは、p.236の図を見ながら理解していきましょう。

まず、条文で使われているFOB（Free on Board: 本船甲板渡し条件）ですが、これは輸出港での荷物の引渡しを条件とします。このとき、船のへり（欄干、英語でship's rail、vessel's rail）を荷物が通過した時点で引渡しとします。

売主は、積み地の輸出港で本船に荷物を積み込むまでの危険及び費用（運賃、国内保険料、輸出許可取得に伴う費用など）を負担します。買主はそれ以降の危険及び費用（海上運賃、海上保険料、輸入許可取得に伴う費用など）を負担します。

この危険負担については、例えば製品の破損や紛失などが起こったとき、売主が負担するとなると新たに製品を提供しなければならないし、買主が負担するとなると新たな製品が販売できないということになります。たいていは保険で補償されますが、基本的にFOBの場合は、上記のとおり、荷物の引渡しと、危険及び費用の移転時期が一致しています。

(2)CIF

CIFとはCost, Insurance, and Freight（運賃保険料込み本船渡し条件）の略称です。この場合、売主は積み地の輸出港で本船に荷物を積み込むまでの危険を負担し、それ以降の危険は買主が負担します。つまり危険負担の移転時期はFOBと同じです。

費用については、売主はFOBの条件に加えて、輸入港までの海上運賃、海上保険料も負担します。

つまり、CIFにおいては危険及び費用負担の移転時期が一致しません。

(3)CFR

CFR（Cost and Freight: 運賃込み本船渡し条件）は、簡単にいうとCIFから

Insurance を除いた条件です。売主は積み地の輸出港で本船に荷物を積み込むまでの危険を負担し、それ以降の危険は買主が負担します。つまり危険負担の移転時期は FOB と同じです。

費用については、売主は FOB の条件に加えて、輸入港までの海上運賃を負担します（海上保険料は買主負担）。

つまり、CFR においても危険及び費用負担の移転時期が一致しません。

(4)EXW

EXW（Ex-Works: 工場渡し条件）とは、商品を売主の倉庫や工場などで、買主に引渡す条件です。売主が商品を買主の運送業者へ引渡した時点で引渡し完了とし、同時に危険及び費用も買主に移転します。

2. 所有権の移転

問題は製品の所有権の移転ですが、これについてはインコタームズでの規定はありません。第6条6.1の4～7行目を見ますと、製品の引渡しと同時に所有権が移ると規定しています。

では、なぜインコタームズで引渡しと同時に自動的に所有権が移るように規定しないのかというと、売主によっては代金の回収の担保のために所有権留保を付ける場合があるためです。

つまり引渡しが済んでも所有権はいまだ移転していない、最終的に買主が代金を払ってから所有権が移転する、という主張を取る売主もいるので、各々の契約に任せようということです。そのため、インコタームズでは規定していないわけです。

3. 引渡しの期限

製品の引渡しの期限ですが、これは契約当事者の合意事項であり、特にインコタームズにおける規定はありません。

インコタームズの貿易条件

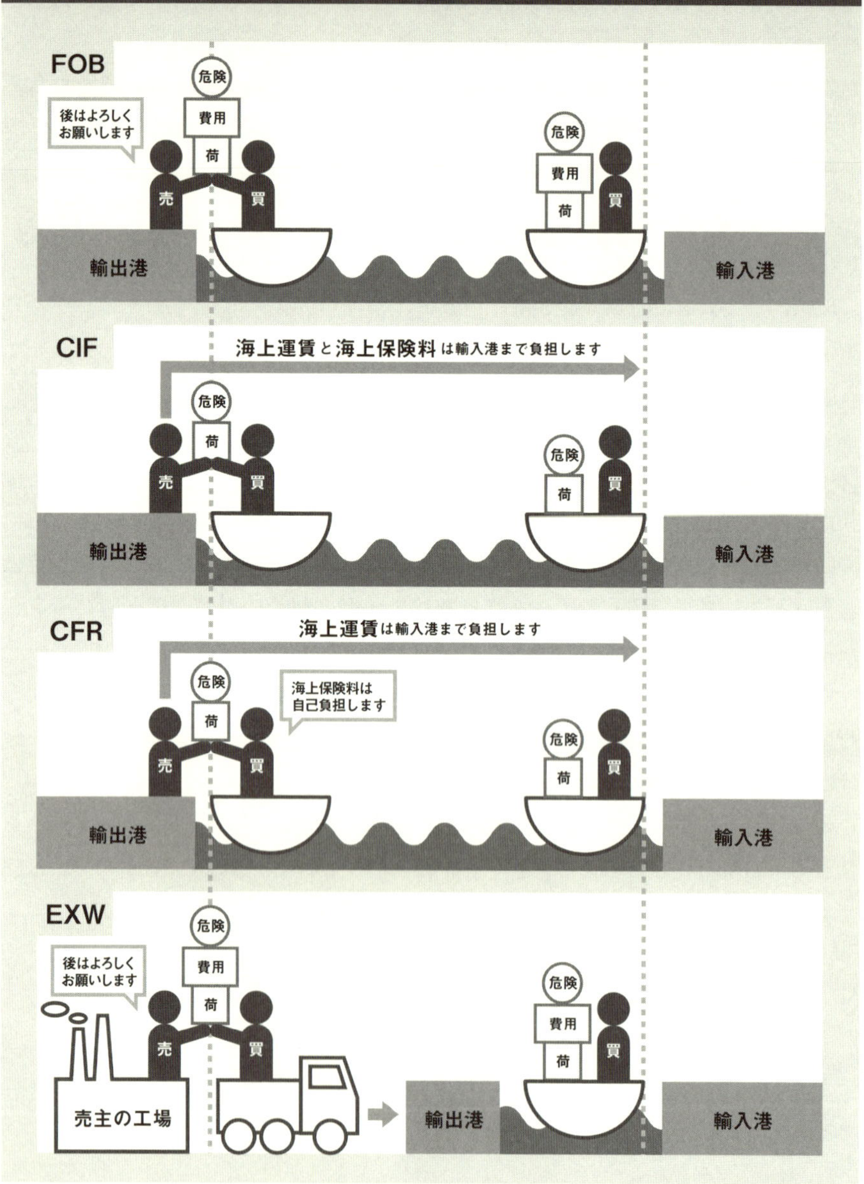
FOB
後はよろしく
お願いします
危険
費用
荷
売
買
輸出港
輸入港
CIF
海上運賃と海上保険料は輸入港まで負担します
危険
荷
売
買
輸出港
輸入港
CFR
海上運賃は輸入港まで負担します
海上保険料は
自己負担します
危険
荷
売
買
輸出港
輸入港
EXW
後はよろしく
お願いします
危険
費用
荷
売
買
売主の工場
輸出港
輸入港

支払い

条項

Article 7. Payment

Unless otherwise agreed in writing, payment by Y to X shall be made in Japanese Yen by a documentary bill of exchange ①, without recourse ② against X and payable at sight ③, drawn under an irrevocable ④, confirmed ⑤, unrestricted ⑥ letter of credit ⑦, to be issued in favor of X by a first-class bank, which shall have such validity ⑧ as designated by X.

訳例

第7条　支払い

　別途書面にて合意する場合を除き、ＹのＸに対する支払いは、一流銀行がＸを受益者として発行した、取消不能、確認済み、及び無条件の信用状に基づき振り出されたＸに対して非遡求の一覧払い荷為替手形により日本円にて行われる。当該信用状の効力は、Ｘにより指定された有効期間を有するものとする。

語句チェック

① documentary bill of exchange　荷為替手形
② without recourse　非遡求で、償還義務を負わずに
※recourse は「遡求権、償還」。without recourse の記載により、手形が不渡りになった場合の償還義務が否定される。
③ payable at sight　一覧払い
④ irrevocable　取消不能
⑤ confirmed　確認済
⑥ unrestricted　無条件の、無制限の
⑦ letter of credit　信用状
※略称は L/C。
⑧ validity　有効期間

■ 解説

国際売買契約における「支払い」では、双方にとってリスクが発生します。売主としては、製品を引き渡したのに代金が支払われない、買主としては、代金を支払ったのに製品が届かない、といったリスクがあります。

製品の引渡しと同時に決済ができれば、上記のリスクはなくなるわけですが、国を隔てたやり取りのなかでは、そういった方法を取りにくいのが現状です。

そこで売主と買主双方のリスクを管理するために広く利用されているのが、信用状（Letter of Credit: L/C）による決済です。これはICCが規定した国際規則に即して行われます。最新版は「ICC荷為替信用状に関する統一規則および慣例（2007年改訂版）」ですが、国際商業会議所日本委員会から出版されています。

L/Cとは、銀行が発行する支払い証書を指します。つまり銀行が発行する信用状を媒体にして決済を行うわけです。

L/C決済では、その発行を依頼した売主もしくは買主が代金を支払わない場合には、発行銀行が代わりに支払うことになります。そのため、信用力の高い銀行を発行銀行にしておけば、現金と同じように信用力が高くなります。

したがって、しかるべき銀行からL/Cが発行されたということになると、安心して取引ができます。特にまったく新しい取引先と売買取引を行う場合には、代金回収のリスクが高くなります。そこで、リスクを軽減する決済であるL/C決済の制度を利用するわけです。

では、信用状決済の行程を、p.239の図を見ながら理解していきましょう。

まずは売主が買主に、信用状による決済を要求して買主がそれを承諾し、契約書の「支払い」条項にて規定されると、下記のような手順で行われます。

①買主が取引銀行にL/C開設を依頼
　→買主の取引銀行が「L/C発行（開設）銀行」と呼ばれる
②L/C開設銀行がL/C開設を売主の取引銀行に通知
　→売主の取引銀行が「L/C通知銀行」と呼ばれる（別名で呼ばれることもあります）
③L/C通知銀行が売主にL/C開設を通知

④売主が出荷の指示、船会社への貨物の引渡し

⑤船会社が売主に船荷証券（Bill of Lading: B/L）を発行

⑥海上輸送

⑦売主がL/C通知銀行に荷為替手形（Documentary Bill of Exchange with L/C）の買取りを依頼

⑧ L/C通知銀行が売主に買取り代金支払い

⑨ L/C通知銀行がL/C開設銀行に船積書類（B/L＋荷為替手形）を送付

⑩買主がL/C開設銀行に手形の引受け

⑪ L/C開設銀行が買主に、⑩と同時に船積書類（B/L＋荷為替手形）を引渡し

⑫買主が船会社にB/L提示

⑬船会社から買主へ貨物引渡し

信用状（L/C）決済

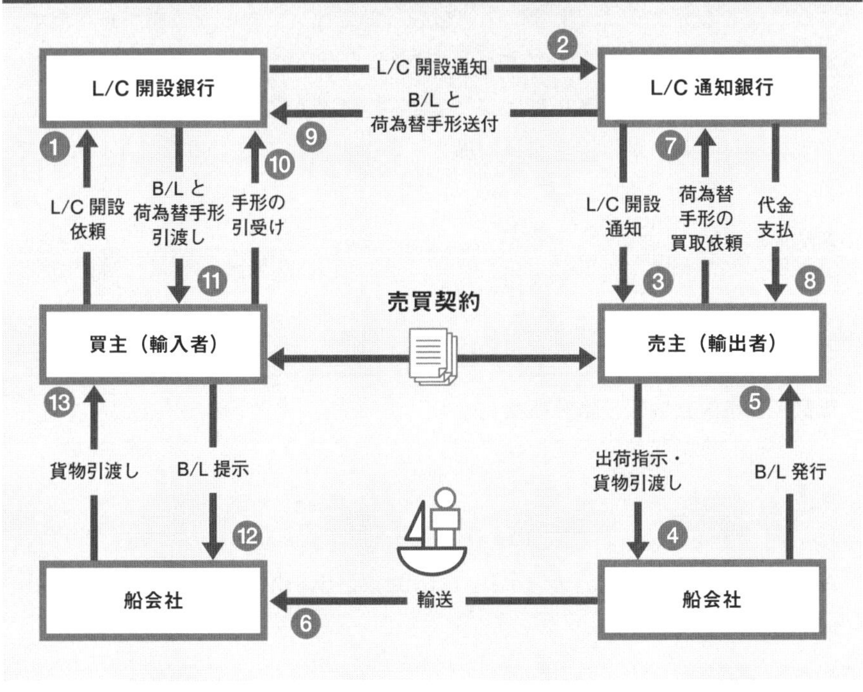

これを文章化したものが、第７条の「支払い」になります。

２行目の documentary bill of exchange は「荷為替手形」ですが、荷為替手形はどういった手形かというと、drawn under an irrevocable, confirmed, unrestricted letter of credit（取消不能、確認済み、及び無条件の信用状に基づき振り出された）手形と規定しています。つまり、荷物の裏付けとL/Cの裏付けのある手形ということを意味します。

そして、この信用状は、to be issued in favor of X by a first-class bank,（一流銀行がXを受益者として発行した）ものであり、which shall have such validity as designated by X（Xにより指定された有効期間を有する）と規定しています。

ここでは一流銀行となっていますが、これは主観的なものですので、実際は銀行を指定してその名称を記載して規定すべきでしょう。

また、有効期間については、製品の出荷が遅れた場合に、L/Cの再開設を行うことにならないように、十分に余裕をもって発行してもらう必要があります。

２行目の without recourse ですが、「遡求をしないで」という意味です。この「遡求」とは、手形が不渡りとなった場合に、裏書人などに対して償還請求をすることです。ところが、L/C決済の場合、手形の担保がL/Cとなっているので、不渡りになった場合はL/C発行銀行が支払うことになります。すなわち、「遡求」がないということになります。

その次の payable at sight は「一覧払いの」という意味です。「一覧払い」というのは、手形の提示を受けたら支払い期限が到来する支払い条件です。

後文・署名・立会人・添付書類

条項

IN WITNESS WHEREOF, the Parties hereto have caused this Agreement to be executed in duplicate by their duly authorized representatives.

Company X

By:[Signature]______________
Name: Taro Kusano
Title: President

Witnessed① in the presence of② Mr. Jiro Yamada

Company Y

By:[Signature]______________
Name: Michael Obama
Title: Chairman of the Board of Directors

Witnessed in the presence of Mr. William Brown

Exhibit A
[Specifications of the Products]

訳例

上記の証として、本契約当事者は、両当事者の正当な権限を有する代表者により本契約２通を締結せしめた。

Ｘ社

署名 ____________________

氏名：草野太郎

肩書：社長

山田次郎氏の面前において締結された

Ｙ社

署名 ____________________

氏名：マイケル・オバマ

肩書：取締役会長

ウィリアム・ブラウン氏の面前において締結された

別添Ａ

［本製品の仕様］

語句チェック

① witness　証人として署名する

② in the presence of ～　～の面前で、～の立会で

■ 解説

後文、署名、立会人、添付書類については第４章 p.59 を参照してください。

Coffee Break

L/C以外の決済方法

L/C 以外の決済方法としては、D/P、D/A、Advance Payment などがあります。D/P、D/A のいずれも荷為替手形を使った決済方法を指します。

D/P（Documents against Payment：手形支払い書類渡し）は、輸出者が振り出した荷為替手形に対して、輸入者が現実に手形を引き受けて直ちに支払いを行い、それと同時に取引銀行が輸入者に B/L（船荷証券）を引き渡す条件をいいます。手形が一覧払いなので、D/P at sight ともいいます。

他方、D/A（Documents against Acceptance：手形引受書類渡し）は輸出者が振り出した荷為替手形に対して、輸入者が現実に手形を引き受けて一定期間以内に支払いを行うことを約束し、同時に取引銀行が輸入者に B/L（船荷証券）を引き渡す条件をいいます。手形を引き受け後一定期間以内に支払う決まりなので、例えば引受け後 60 日以内に支払うべき場合には、D/A 60 days といいます。

Advance Payment（前受け）は、注文時など、商品の引渡しの前に代金を前払いする条件をいいます。売主にとっては有利な条件ですが、買主は商品を受け取って再販売するまで必要な資金を調達しなければならないので、特別の事情がない限り、簡単には受け入れられないでしょう。

ディストリビュータ契約書を読む

Distributorship Agreements

1.ディストリビュータ契約とエージェント契約

例えば国内のメーカーが海外の企業を指定して、そこが開拓した販売・サービス網を通じて製品を組織的に販売してもらう、あるいは逆に国内の企業が海外メーカーの製品を購入して国内で組織的に販売する、といった場合に締結されるのが、販売代理店契約です。

販売代理店契約には、「ディストリビュータ（販売総代理店）契約（Distributor[ship] Agreement)」と、「エージェント（代理店）契約（Agency Agreement)」があります。

「ディストリビュータ契約」は売主の製品をディストリビュータ（Distributor）が自己の名義と計算で購入し再販する契約です。在庫を抱え、販売価格の決定を自ら行い、販路開拓（マーケティング）に責任を負うため、販売に関するリスクを自己負担することになりますが、販売差益を得る権利を持ちます。また、ディストリビュータは製品を売主から購入するため、ディストリビュータ契約には継続的売買契約条項が常に盛り込まれます。本項ではこの「ディストリビュータ契約」を見ていきます。

一方で、「エージェント契約」は売主の製品を、エージェント（Agent）が売

ディストリビュータ契約とエージェント契約

■ディストリビュータ契約（Distributor[ship] Agreement）

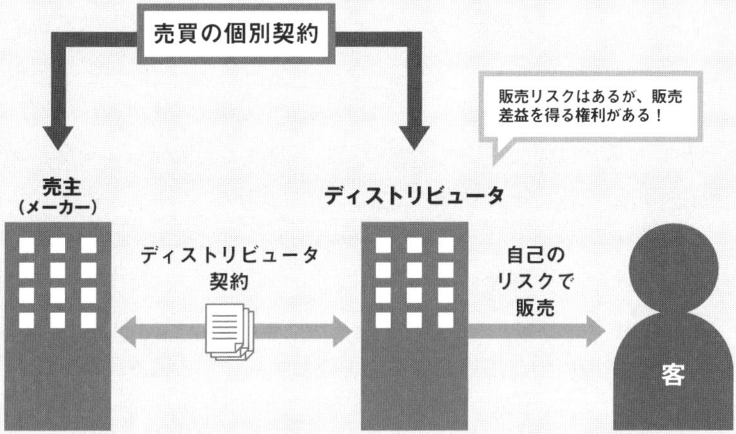

■エージェント契約（Agency Agreement）

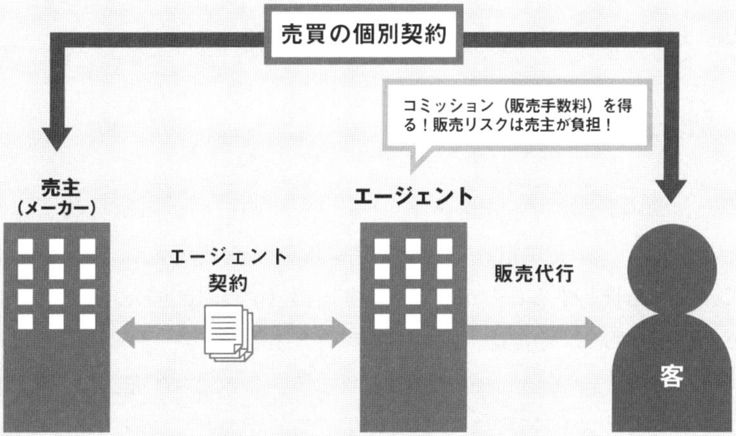

主に代わって販売を代行してコミッション（販売手数料）を得る仕組みです。

製品の売買に関しては、売主と買主との間の契約となり、エージェントは代理人としての役割を担いますが、契約当事者にはなりません。売主から製品の所有権の移転は行われませんので、販売リスクも売主負担となります。

「ディストリビュータ契約」と「エージェント契約」の区別は実務上では明確にするのが難しいというのが現状です。なぜなら、一応は売買契約が成立しても、最終的に在庫が残った場合の返品・返金を定めている場合には、最終の在庫リスクは売主にありますので、実質は委託販売（エージェントによる販売）に近い性格を持つためです。

しかし、後日の争いを防ぐために、契約においては両者の権利義務を明確に規定しておくことが肝要です。

ディストリビュータ（Distributor）やエージェント（Agent）は法律用語ではないので、契約の中で決めた具体的な権利義務というのが、各ディストリビュータ、エージェントの実際の権利義務ということになります。

そのため、契約に記載する条項の内容は非常に重要になってきます。例えば、ディストリビュータは傘下にディーラーを持ち、組織的に販売していくわけですが、サブディーラーと呼ばれる二次店の販売を認めるためには、契約書に規定することが必要です。記載がない場合は認めていないということになります。

2. 独占権と非独占権

また、販売地域（Territory= テリトリー）内における販売権には他のディストリビュータを指名できない独占権（exclusive）と、他のディストリビュータを指名することができる非独占権（non-exclusive）があります。

独占権を与える場合は、「独占的ディストリビュータ契約（Exclusive Distributor[ship] Agreement）」となります。この場合、売主は、契約締結相手であるディストリビュータ以外の第三者を指名して、同一製品の販売を行うことができません。

第三者指名にこういった制限がない契約、つまり非独占権のディストリビュータ契約は、「非独占的ディストリビュータ契約（Non-exclusive Distributor[ship] Agreement）」と呼ばれます。

エージェント契約にも同様に、独占・非独占の区別があります。

また、exclusive distributor のほかに、sole distributor という考え方があります。exclusive distributor と sole distributor との違いは、前者が独占的なディストリビュータであるのに対して、後者が唯一のディストリビュータであるという点です。

exclusive distributor の場合、メーカーが他のディストリビュータは指名しないことを約束していることは明確ですが、メーカーの直接販売権（投資をして直接の販売拠点を設けて販売を行う）をメーカー側が留保しているかどうかは明確ではありません（交渉や取引の状況によって当事者の意図がどうだったか解釈されることになります）。

他方、sole distributor の場合、売主であるメーカーは、他のディストリビュータは指名しないが、メーカーの直接販売権はメーカー側が留保するという趣旨になります。

3. 実際に独占的ディストリビュータ契約書を読む

(1) ケーススタディ

ここからは、実際のケースに見立てて、独占的ディストリビュータ契約書を読みます。

Case:3

日本法人の自動車製造会社であるX社（メーカー）は、製品をイギリス国内でディストリビュータを通じて販売する計画を立てています。そこで現地に販売ネットワークを持つ英国法人Y社を独占的ディストリビュータ候補に指名したいと考え、Y社に対して独占的ディストリビュータ契約書のドラフトを提示しました。

独占的ディストリビュータ契約

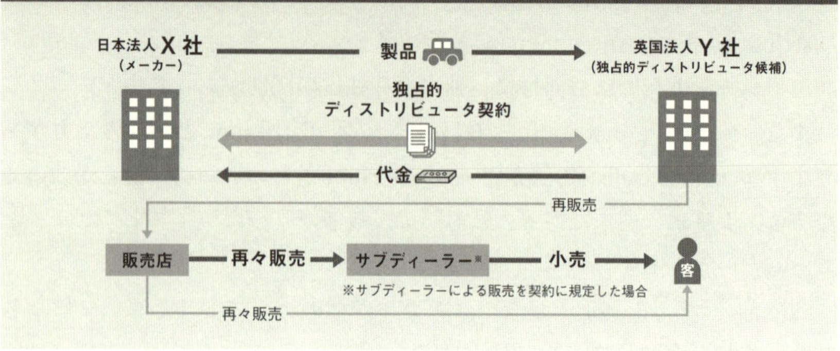

(2) 独占的ディストリビュータ契約書の構成例

表題・前文 (p.249)

(定義)

第1条　ディストリビュータの指名 (p.251)

第2条　本製品の供給及び購入 (p.252)

第3条　購入注文方法 (p.253)

第4条　最低購入数量 (p.255)

第5条　製品の引渡し (p.257)

第6条　製品の価格 (p.258)

第7条　製品に対する支払い (p.259)

第8条　保証 (p.260)

第9条　製品の販売及びサービス網の設立と維持 (p.261)

第10条　商標 (p.263)

第11条　競合製品 (p.265)

第12条以下、一般条項 *

* 期間、解除、譲渡、秘密保持、仲裁、完全合意、準拠法、言語、見出しなどが入ります。
各条項の解説は第6章参照。

後文・署名・添付書類 (p.266)

(3) 独占的ディストリビュータ契約書の重要条項を読む

英文及び日本語訳は一例です。使用の際は弁護士から法的アドバイスを受けてください。

表題・前文

条項

Exclusive Distributorship Agreement

This Agreement, made and entered into as of 3rd, June, 2009 by and between X, Ltd., a corporation duly organized and existing under the laws of Japan, having its principal place of business at 1-X-X, Higashi-shimbashi, Minato-ku, Tokyo, Japan (hereinafter referred to as "Company X"), and Y Corporation, a corporation duly organized and existing under the laws of England, having its principal place of business at 13X Queen Victoria Street, London, England, United Kingdom (hereinafter referred to as "Company Y"),

WITNESSETH:

WHEREAS, Company X desires to appoint ① Company Y to be an exclusive distributor ② in U.K. of commercial vehicles (hereinafter referred to as the "Products") as described in Exhibit A as attached hereto;

WHEREAS, Company Y desires to accept such appointment under the terms and conditions set forth herein;

NOW THEREFORE, in consideration of ③ the mutual promises contained herein, the Parties hereto agree as follows:

訳例

独占的ディストリビュータ契約

本契約は、2009年6月3日に、日本の法律に基づき有効に組織され存続し、日本国東京都港区東新橋1-X-Xにその事業の主たる事務所を有するX社（以下「X社」という）と、英国法に基づき有効に組織され存続し、連合王国、イングランド、ロンドン、クイーン・ビクトリア通り13Xにその事業の主たる事務所を有するY社（以下「Y社」という）との間において締結される。

前文

X社はY社を、本契約書別添Aに記載された商業車（以下、「本製品」という）の連合王国における独占的ディストリビュータに指名することを望んでおり、Y社は以下に規定された契約条件に従い、かかる指名を承諾することを望んでいる。

したがって、本契約中に記載された相互の約束を約因として、両当事者は以下のとおり合意する。

語句チェック

① appoint　～を指名する
② exclusive distributor　独占的ディストリビュータ
　※「非独占的」は non-exclusive。
③ in consideration of ～　～を約因として

■ 解説

頭書と前文の基本的な読み方については、p.56の解説をご参照ください。

表題にExclusive Distributorship Agreement（独占的ディストリビュータ契約）とあるので、ディストリビュータに独占的な販売権を与える契約であることが分かります（p.246も参照）。また、WHEREAS Clauseには、appoint Company

Y to be an exclusive distributor（Y社を独占的ディストリビュータに指名する）と明記しています。

ディストリビュータの指名

条項

1. Appointment of Distributor

Company X appoints Company Y as a distributor for the distribution① and servicing② of the Products in Territory on an exclusive basis③, and Company Y agrees to act as such distributor in Territory.

訳例

第１条 ディストリビュータの指名

Ｘ社は、Ｙ社を本地域での本製品の流通及びアフターサービスを行う独占的ディストリビュータとして指名し、Ｙ社は、当該地域内でかかるディストリビュータとして営業活動を行うことに合意する。

語句チェック

① distribution　流通
② servicing　（製品に対する）アフターサービス
③ on an exclusive basis　独占販売権に基づいて

■ 解説

X社がY社を、一定の地域（Territory）において製品の販売とサービスを行う独占的ディストリビュータとして指名し、Y社はそれに合意するという規定です。

「独占」と「非独占」の違いについてはp.246を参照してください。

一般に、独占権を与えるということには、慎重になるべきと言われています。独占権を与えるということは、その市場を全面的に任せるということになりますが、往々にして、権利をもらうとそこに安穏として、営業努力をせずに眠ってしまうディストリビュータもいます。独占権を付与したメーカーとしては、一定の市場を任せたわけですから、それでは困るわけです。

そこで、独占権を与える場合には、第4条のように、minimum purchase（最低購入数量）を約束してもらうという条件を必ず付けます。つまり、最低これだけは買ってください、という数量や金額を決めるわけです。非独占権の場合でも、事実上の独占権を与える際には規定しておく場合があります。

この規定なしに独占権を渡すというのは非常に危険です。必ず独占権と「最低購入数量」条項はセットになっているとご理解いただきたいと思います。

本製品の供給及び購入

条項

2. Supply and Purchase of Products

Subject to ① the terms and conditions as contained in this Agreement, Company X shall supply Products to Company Y, and Company Y shall purchase them from Company X and resell ② them at its own account and risk. ③

訳例

第２条　本製品の供給及び購入

本契約に規定する条件に従い、Ｘ社は本製品をＹ社に供給し、Ｙ社は、自社の勘定及びリスクにおいて本製品をＸ社から購入し、再販する。

語句チェック

① subject to ～　～に従い
② resell　再販売する
③ at one's own account and risk　自己の勘定及びリスクにおいて

■ 解説

当事者間の関係が「独立当事者（arm's-length)」の関係であり、「売買契約」の関係になっていることを規定しています。

購入注文方法

条項

3. Orders for Products

3.1 Company Y shall submit to Company X orders for Products, on the form designated by Company X, which shall be received by Company X no later than ① the 15th day of each month for delivery of the Products in the second month following the month in which such order has been accepted by Company X. Once it is submitted, an order may not be modified, ② changed ③ or canceled by Company Y, either in whole or in part, ④ except with a prior written approval of ⑤ Company X.

3.2 Company Y shall place, on Company X, written purchase orders ⑥ (hereinafter referred to as "Purchase Order(s)"), which shall contain (i) the description of the Products, (ii) the quantity of each Product and price set forth herein, (iii) the requested delivery date of each Product and (iv) the place of destination. Upon receipt of a Purchase Order from Company Y, Company X shall issue an order confirmation ⑦ for each Purchase Order. Each Purchase Order shall be confirmed by Company X within five (5) working days ⑧, and if it is confirmed as a whole by Company X, an individual sales contract ⑨ has been concluded between the Parties. In case

Company Y has not received any confirmation from Company X within the above mentioned period, the order shall be deemed to have been accepted by Company X. Such an individual sales contract shall supersede⑩ this Agreement in case there is any inconsistency⑪ between them.

訳例

第3条 購入注文方法

3.1 Y社はX社に対し、X社が指定した書式で本製品の注文を行う。ただし、毎月15日までにX社が当該注文を受領する場合には、その翌々月に製品の引渡しが行われるものとする。いったん提出した注文は、X社の事前の書面による承認がある場合を除き、Y社により全体的にも部分的にも修正、変更または取り消されない。

3.2 Y社は、X社に対し、書面にて購入注文（以下「購入注文」という）を行うものとする。かかる注文書には、(i) 本製品の説明、(ii) 各製品の数量及び本基本契約に明記される価格、(iii) 各製品の希望引渡日、ならびに (iv) 仕向地を記載するものとする。X社は、Y社より購入注文を受領したならば、その都度、注文請書を発行するものとする。各購入注文は、X社により、受領後5営業日以内に許諾が確認されるものとし、注文が全体として確認された時点で、当事者間で個別売買契約が成立したものとする。Y社がX社より上記の期間内に確認を受領しなかった場合、注文はX社により承諾されたとみなされるものとする。かかる個別売買契約と本契約の事項が抵触する場合、当該個別売買契約の定めが優先して適用される。

語句チェック

①no later than ～　～までに
②modify　変更する、修正する
　※p.113参照。
③change　変更する
　※p.113参照
④in whole or in part　全体的にもしくは部分的に
⑤prior written approval of ～　～による事前の書面による承認
⑥written purchase order　書面による購入注文
⑦order confirmation　注文請書
⑧within five (5) working days　5営業日以内に
　※p.111参照
⑨individual sales contract　個別売買契約
⑩supersede　優先する
⑪inconsistency　矛盾、抵触

■ **解説**

3. 1では、本製品の注文方法を定めています。翌々月の引渡しのためには、当月の15日までに注文書を提出する必要があります。さらに、売主の事前書面承諾がない限り、注文書の内容は変更できないと規定されています。

本契約は基本契約ですので、当事者間の注文書と注文請書の交換により、本契約に従って締結された契約が「個別売買契約（Individual Sales Contract）」となります。その点を明記するために、3. 2の規定をしています。さらに、最後の1文で、基本契約と個別売買契約との間に矛盾点がある場合には、後者が優先することも規定されています。

最低購入数量

条項

4. Minimum Purchase

Company Y shall purchase GBP① 10,000,000 of the Product (hereinafter referred to as "Minimum Quantity②") in respect of③ each calendar year (hereinafter referred to as "Year") or such other amount as may be agreed in writing between the Parties in relation to④ each Year. Company X may terminate this Agreement forthwith⑤ by notice in writing if Company Y fails in any Year to purchase the Minimum Quantity for that Year. If in any Year Company Y fails to purchase the Minimum Quantity, it may carry forward⑥ any excess purchases⑦ over the Minimum Quantity made in the previous Year to make up the difference between the actual quantity purchased⑧ and the Minimum Quantity.

訳例

第４条　最低購入数量

Ｙ社は、毎暦年（以下「年」という）、10,000,000 英ポンド相当の数量（以下「最低数量」という）、または両当事者が書面にて合意した数量の本製品を購入しなければならない。Ｙ社が年間最低数量を購入できなかった場合、Ｘ社は書面にてその旨を通知し、直ちに本契約を解除することができる。Ｙ社が最低数量を購入できなかった場合、実際の購入数量と最低数量の差を埋め合わせるために、前年に最低数量を超過して購入した分を、翌年に繰り越すことができる。

語句チェック

① GBP　英ポンド（Great Britain Pound）
② Minimum Quantity　最低数量
③ in respect of ～　～に関して
④ in relation to ～　～に関して
⑤ forthwith　直ちに
⑥ carry forward ～　～を繰り越す
⑦ excess purchase　超過購入
⑧ actual quantity purchased　実際の購入数量

■ 解説

メーカーとしては最低購入数量を規定しておくことで、ディストリビュータに対し、販売努力を尽くさせることができます。ですから、最低購入数量の規定は、ディストリビュータの販売権が独占権の場合には必須といえますが、非独占権の場合でも事実上の独占権の場合には、これが規定される場合があります。

他方、ディストリビュータとしては、最低購入数量を達成することができないと即時解除事由を構成しますので、この規定を慎重に検討するべきです。

最低数量の規定方法ですが、上記のように購入金額で定める場合と、購入数量で定める場合とがあります。

製品の引渡し

条項

5. Delivery of Products

Unless otherwise agreed in writing, the terms of delivery① of Products by Company X to Company Y shall be on an FOB Tokyo basis②, as set forth in "Incoterms 2000" (as amended), and the entire property, control, beneficial ownership③ and legal title④ in such Products and the risk of loss⑤ thereof or damage thereto shall pass from Company X to Company Y at the time such Products shall have effectively passed the ship's rail at a port of export in Japan. Unless otherwise agreed in writing, Products ordered by Company Y shall be delivered to the carrier at the port of export during the delivery month.

訳例

第５条　製品の引渡し

書面による別途の合意がない限り、Ｘ社がＹ社に対し行う製品引渡しの条件は、2000 年版インコタームズ（及び改訂版を含む）に規定される FOB 東京港条件とし、当該製品における完全な財産権、管理権、受益的所有権及び法的権限、ならびに本製品の危険及び損害負担については、日本国の輸出港にて、当該製品が本船の欄干を有効に通り過ぎたときに、X社からY社に移転する。他に書面にて合意されない限り、Y社が注文した製品は、配達月の間に輸出港の運送業者に引き渡すものとする。

語句チェック

① terms of delivery　引渡し条件
② on an FOB Tokyo basis　FOB 東京港条件で
③ entire property, control, beneficial ownership　完全な財産権、管理権、受益的所有権
④ legal title　法的権限
⑤ risk of loss　損失に関するリスク
　※「危険負担」を指す。

■ 解説

引渡条件の規定は売買基本契約書の第6条「引渡し」とほぼ同様ですので、p.233 の解説をご参照ください。

製品の価格

条項

6. Prices of Products

Unless otherwise agreed in writing, the prices at which Company X shall sell Products to Company Y shall be quoted in Japanese Yen① on an FOB Tokyo basis as defined in "Incoterms 2000" (as amended).

訳例

第6条　製品の価格

他に書面にて合意されない限り、X社がY社に対して販売する製品の価格は、2000年版（及び改訂版を含む）インコタームズに定義される、FOB

東京港条件で、日本円にて設定される。

語句チェック

① be quoted in Japanese Yen　日本円にて設定される
※ quote は「(値) を付ける」の意。

■ 解説

価格条件の規定は売買基本契約書の第５条「価格」とほぼ同様ですので、p.231の解説をご参照ください。

製品に対する支払い

条項

7. Payment for Products

Unless otherwise agreed in writing, payment by Company Y for Products shall be made to Company X in Japanese Yen by advance cash payment① (telegraphic transfer remittance②) in full amount③ prior to placing of purchase orders by Company Y.

訳例

第７条　製品に対する支払い

他に書面にて合意されない限り、当該製品のＹ社によるＸ社への支払いは、Ｙ社が購入注文を行う前に、日本円にて、現金一括前払い（電信送金）にて行うものとする。

語句チェック

① advance cash payment　現金前払い
② telegraphic transfer remittance　電信送金
③ in full amount　一括で

■ 解説

支払条件の規定は、売買基本契約書の第７条「支払い」（L/C 決済を規定。p.237 参照）とは異なり、前受け（注文書発行前の電信送金による振込み）となっており、売主の代金回収リスクがなくなる規定となっています（p.243 のコラムも参照）。

保証

条項

8. Warranty

Company X warrants ① the Products, which have been supplied by Company X to Company Y, shall conform to ② the specifications ③ of the Products, and shall be free of defects ④ in design, workmanship and materials ⑤ . Company X shall provide Company Y with twelve (12) month warranty after the delivery date.

EXCEPT AS SET FORTH HEREIN, COMPANY X DOES NOT MAKE ANY EXPRESS OR IMPLIED WARRANTY ⑥ WITH RESPECT TO THE PRODUCTS, INCLUDING WITHOUT LIMITATION ⑦ ANY IMPLIED WARRANTY OF MERCHANTABILITY ⑧ OR FITNESS FOR A PARTICULAR PURPOSE ⑨.

訳例

第８条　保証

Ｘ社は、Ｘ社よりＹ社に供給される製品が、定められた仕様を有し、かつ、設計、製造及び材料上の欠陥がないことを保証する。Ｘ社はＹ社に対し、引渡し日より12ヵ月間の保証を行うものとする。

本契約に定める場合を除き、X社は本製品に関し、商品性または特定の目的への適合性に関する黙示的保証を含む（ただしこれに限定されない）、明示的または黙示的保証は一切行わない。

語句チェック

① warrant　保証する
② conform to ～　～に合致する
③ specifications　仕様
④ be free of defects　欠陥がない
⑤ design, workmanship and material　設計、製造及び材料
⑥ express or implied warranty　明示的または黙示的保証
⑦ including without limitation　～を含むがこれに限定されない
⑧ merchantability　商品性
⑨ fitness for a particular purpose　特定目的への適合性

■解説

保証条件の規定は売買基本契約書の第8条「製造物責任」の「保証」（p.166で解説）と異なりますので、両者を比較してみてください。

大きな違いは、こちらでは保証期間を引渡日から12ヵ月間に限定している点です。

製品の販売及びサービス網の設立と維持

条項

9. Set-up and Maintenance of Sales and Service Network for Products

Company Y shall set up① and maintain② in Territory a sales and service network③ of Products, consisting of Company Y's own organization and its Dealers, which shall be able to effectively carry out the sale, distribution and servicing of Products throughout Territory. Company

Y shall maintain and cause its Dealers to maintain business premises④ that conform to⑤ the standards set forth in the sales promotion standard manual⑥ provided to Company Y by Company X.

訳例

第９条　製品の販売及びサービス網の設立と維持

Ｙ社は、地域内に、本製品の販売及びサービス網を設置及び維持する。当該販売・サービス網の設置は、Ｙ社が所有する組織及びそのディーラーから構成され、本地域内において効果的に販売、流通及びアフターサービスを行うものでなければならない。Ｙ社は、自社で行うか、ディーラーに対して行わせることにより、Ｘ社がＹ社に供与する販売促進基準マニュアルに規定される基準に合致した事業所を維持する。

語句チェック

① set up　設置する
② maintain　維持する
③ sales and service network　販売・サービス網
④ business premises　事業所
⑤ conform to ～　～に合致する
⑥ sales promotion standard manual　販売促進基準マニュアル

■ 解説

Company Y shall set up and maintain in Territory a sales and service network of Products（Ｙ社は、地域内に、本製品の販売及びサービス網を設置及び維持する）と規定しています。

販売網を設置するに当たっての基準は、メーカー側から具体的に出されることが多く、詳細まで決められています。

例えば、ショールームは最低限これくらいの広さでこういう設備だとか、あるいは専任の販売員を何名置かなければならないなどといった点まで提示されます。

条文の６行目には、conform to the standards set forth in the sales promotion standard manual provided to Company Y by Company X（X社がY社に供与する販売促進基準マニュアルに規定される基準に合致した）事業所を維持するとあります。

こうしたマニュアルの中に、かなり具体的な基準が提示されることになるでしょう。

どんな売り方でもよいというのであれば（例えば、雑貨品をデパートの片隅で販売していればよいというのであれば）、売り方は現地の商社に任せ、こうしたディストリビュータ契約を結ばなくても、第７章２項で見た基本的な売買契約のみで済むわけです。

ところが、高価なもの（このディストリビュータ契約は乗用車の契約を想定していますが）をきちんと販売してほしい場合、ショールームなどを設けなければいけないし、サービス工場や専任スタッフも当然用意しなければいけません。

こうした基準というのは、メーカーの方で示す必要があります。それを満たすのがディストリビュータの義務であり、権利でもあります。

商標

条項

10. Licensing of Trademarks

Company X grants to Company Y a non-exclusive right① to use and to permit② its Dealers to use the Trademarks in Territory with respect to the sale, distribution and servicing of Products, provided, however, that③ Company Y shall not employ④, and shall not permit its Dealers to employ, any Trademark⑤ as part of Distributor's or Dealer's corporate or business name without Company X's prior written approval.

訳例

第10条　商標

X社はY社に対し、本製品の販売、流通及びアフターサービスに関し、本地域において本商標を自ら使用し、かつY社のディーラーによる使用を許可する非独占的権利を付与する。ただし、Y社は、X社の事前の書面による承認なくして、ディストリビュータ、ディーラーの会社または事業名称の一部としていかなる商標も自ら採用せず、かつY社のディーラーが使用することを許可しないものとする。

語句チェック

① non-exclusive right　非独占的権利
② permit　許可する
③ provided, however, that ...　ただし～とする
　※「条件」を表す。p.87 参照。
④ employ　採用する、使用する
⑤ trademark　商標

■ 解説

いわゆる「商標の使用許諾」というものです。

第1条「ディストリビュータの指名」では、ディストリビュータに対し、独占販売権を付与していましたが、ここでの商標の使用に関しては、「非独占」になっています。

なぜ独占権を与えないのでしょうか？

実はこれには商標の登録に対する考え方が影響しています。商標の登録権利者を決める際、商標の使用により権利が発生するとする「使用主義」と、その登録により権利が発生するとする「登録主義」とがあり、国によってどちらを採用しているかが異なります。

例えばアメリカ、カナダなどでは使用主義を採用しているので、商標を実際に使用している人が登録する権利を持ちます。ですから、ディストリビュータに独占権を与えてしまうと、ディストリビュータが現地で勝手に商標を登録してしまうことも考えられるので注意が必要です。

一方、日本を含め多くの国では登録主義を採っています。しかし、売主による

直販の可能性を考えるとやはりディストリビュータに独占権を与えるのは問題があるでしょう。

また、後半に「X社の事前の書面による承認なくして、ディストリビュータ、ディーラーの会社または事業名称の一部として商標を採用しない」と但し書きがあります。ただし、これは許可があれば使用できるということでもあります。

しかし、商品を販売するときに商標を使うのはよいのですが、会社の名前に使うと、何らかの管理責任（日本の商人の名板貸(ないたがし)責任と同じ）が発生するので、慎重になるべきでしょう。また、資本関係にあるとみなされる可能性もあります。

競合製品

条項

11. Competitive Products

Company Y shall not, directly or indirectly, sell or distribute any product which competes with the Products.

訳例

第11条　競合製品

Y社は、本製品と競合するいかなる製品も、直接か間接かを問わず、販売または流通させてはならないものとする。

■ 解説

メーカー側が特に独占権を付与した場合には、本製品の販売に専従して欲しいので、競合他社製品の取り扱いをディストリビュータに対して禁止する必要があります。ただし、各国の独占禁止法によっては、不公正取引（日本の場合は、拘束条件付取引や優越的地位の濫用）に該当する可能性がありますので、事前にチェックが必要です。

後文・署名・添付書類

条文

IN WITNESS WHEREOF, the Parties hereto have caused this Agreement to be executed in duplicate by their duly authorized representatives.

X, Ltd.

by:[Signature]
Name: Saburo Yamada
Title: Vice President
Date:

Y Corporation

by:[Signature]
Name: Diana Nelson
Title: President
Date:

Exhibit A
[Specifications of the Products]

訳例

上記の証として、本契約当事者は、両当事者の正当な権限を有する代表者により本契約２通を締結せしめた。

Ｘ社

署名 ＿＿＿＿＿＿＿＿＿＿＿＿

氏名：山田三郎

肩書：副社長

日付：

Ｙ社

署名 ＿＿＿＿＿＿＿＿＿＿＿＿

氏名：ダイアナ・ネルソン

肩書：社長

日付：

別添Ａ
［本製品の仕様］

■ 解説

後文、署名、添付書類については第４章 p.59 を参照してください。

合弁事業契約書を読む

Joint Venture Agreements

1. 合弁事業契約は「株主間」の契約

複数の企業が共同で出資をして、共同事業を営むために締結する契約が「合弁事業契約（Joint Venture Agreement）」です。

つまり、合弁事業契約は、X社とY社間の株主間契約（Shareholders' Agreement）ということになります。ですから、契約書には株主間の合意事項が合弁事業の条件として記載されます。

合弁事業を行うに当たって、合弁会社をまったく新たに設立する場合と、新規設立せずに合弁会社を形成する場合があります。

前者は、合弁会社を一から立ち上げて、そこに親会社の資本を注入していくというやり方です。後者は、既存の会社を使ってそこを合弁会社形態にする、つまり既存の会社の増資をして、その増資分を新たなパートナーが引き受けて株主になり、その結果として合弁事業の形態を取るというものです。

合弁事業を行う理由としては、例えば、日本企業が外資規制のある途上国などで会社を作るときには、現地のパートナーと組まざるを得ないことがあります。

また、現地のパートナーと組む必要がない場合でも、例えば、日本のメーカーが製品を製造する技術を持っていて、現地のパートナーは製品を販売する販売網を持っている場合に、日本のメーカーが製造技術を提供し、現地パートナーが販売網を提供することで、出資パートナーが相互に補完するというケースもあります。

また、自社が100％出資で新規事業を立ち上げると、損失が出たときの負担も大きいですが、合弁事業で共同出資をすれば、例えば自社が4割出資ならリスクも40％になり、リスクの分散が可能です。

一方、パートナー同士が競争会社関係にある場合は、合弁事業には法的なメリットがあります。独占禁止法との関係もあり、競合他社と直接に契約ベースで共同事業を行うのは難しいのが現状です。そこで、合弁会社という新規組織を立ち上げ、そこを通じて、その範囲で共同事業を行うわけです。

自動車業界では、アメリカの大手A社と日本の大手B社の合弁会社がそういった形で共同事業を行っています。当初は独占禁止法違反だということで問題になりました。しかし最終的には、子会社を通じ、そこの会社だけで秘密情報のやり取りをする、しかも生産情報だけで市場の情報は一切交換しない、という条件付きで認められました。

2. 出資比率とデッドロック

合弁事業契約の交渉では、両当事者の出資比率と、どちらの当事者が支配権を持つかについて合意する必要があります。その場合に、例えば、51％と49％のように出資比率が拮抗する場合や、少数株主（例えば10％保有）による拒否権（重要決議事項について拒否権を発動する場合です）をあまり多く与えると、合弁会社の経営について方針が合わずに、いわゆる膠着状態（deadlock：デッドロック）となる可能性がでてきます。ですからデッドロックに備えて、協議条項（p.292）を入れておくとよいでしょう。

3. 合弁事業契約書のチェックポイント

合弁事業契約書の内容を大別すると、設立に関する条項と、その運営に関する条項、一般条項に分かれます。「設立」と「運営」に関する条項を分けて検討していくと理解しやすいでしょう。

4. 実際に合弁事業契約書を読む

(1) ケーススタディ

ここからは、実際のケースに見立てて、合弁事業契約書を読みます。

Case:4

日本法人のパソコン製造・販売会社であるX社と、シンガポール法人の商社であるY社は、X社の製品をY社のネットワークを通じてシンガポールで製造・販売する共同事業を立ち上げるべく、合弁会社の設立を計画しています。交渉をスタートするに当たり、X社がY社に合弁事業契約書のドラフトを提示しました。

合弁事業契約

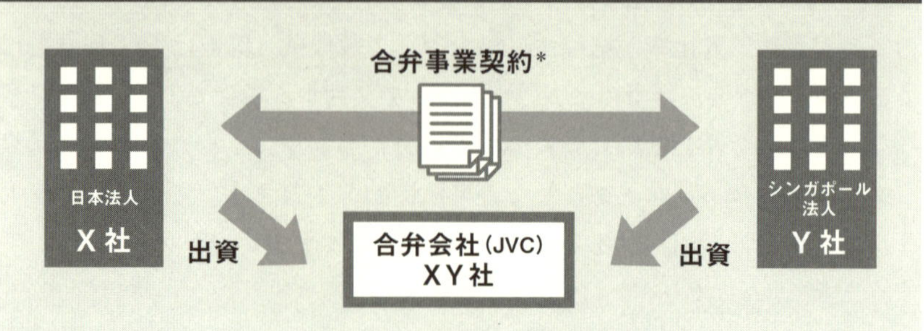

＊このほかに付随契約があります（p.298参照）。

(2) 合弁事業契約書の構成例

表題・前文 (p.272)
(定義)
第 1 条　合弁会社の設立及び事業目的 (p.274)
第 2 条　停止条件及び JVC 株式の引受完了 (p.277)
第 3 条　JVC の株式資本の増加に伴う新株引受権 (p.279)
第 4 条　JVC の株主総会 (p.281)
第 5 条　JVC の取締役 (p.283)
第 6 条　JVC の経営 (p.285)
第 7 条　JVC の資金調達 (p.287)
第 8 条　株式譲渡の制限 (p.289)
第 9 条　優先先買権 (p.291)
第 10 条　デッドロック (p.292)
第 11 条　競業禁止 (p.293)
第 12 条　協議 (p.294)
第 13 条以下、一般条項 *

* 期間、解除、秘密保持、仲裁、完全合意、準拠法、通知、言語、見出しなどが入ります。
各条項の解説は第 6 章参照。

後文・署名・添付書類 (p.295)

(3) 合弁事業契約書の条項を読む

英文及び日本語訳は一例です。使用の際は弁護士から法的アドバイスを受けてください。

表題・前文

条項

Joint Venture Agreement

THIS AGREEMENT, made and entered into as of the 9th day of March, 2009, by and between X, Inc., a corporation organized and existing under the laws of Japan, having its principal place of business at 1-1-X, Marunouchi, Chiyoda-ku, Tokyo, Japan (hereinafter referred to as "X"), and Y Corporation, a corporation organized and existing under the laws of Singapore, having its principal place of business at 16 Raffles Quay, South Building, Singapore (hereinafter referred to as "Y"),

WITNESSETH:

WHEREAS, X has been engaged in manufacturing and selling certain personal computer products (hereinafter referred to as the "Products") in Japan;
WHEREAS, Y has been marketing, selling and distributing① the Products in Singapore;
WHEREAS, X and Y desire to establish a joint venture company② in Singapore, in order to manufacture, market, sell and distribute the Products in Singapore.

NOW THEREFORE, in consideration of ③ the mutual promises ④ contained herein, the Parties hereto agree as follows:

訳例

合弁事業契約

本契約は、2009年3月9日に、日本法に基づき組織され存続し、日本国東京都千代田区丸の内1－1－Xにその事業の主たる事務所を有するX社（以下「X社」という）と、シンガポール法に基づき組織され存続し、シンガポール、ラッフルズ・クウェイ16、南ビルにその事業の主たる事務所を有するY社（以下「Y社」という）との間において締結される。

前文

X社は、日本国内において特定のパーソナル・コンピューター（以下「本製品」という）の製造、販売に従事しており、

Y社は、シンガポール国内において本製品のマーケティング、販売及び流通に従事している。

X社とY社は、シンガポールにおいて本製品を製造、マーケティング、販売及び流通する目的で、同国に合弁会社を設立することを望んでいる。

したがって、本契約中に記述された相互の約束を約因として、本契約当事者は次のとおり合意する。

語句チェック

① distribute　流通させる、供給する
② establish a joint venture company　合弁会社を設立する
③ in consideration of ～　～を約因として
④ mutual promises　相互の約束

■ 解説

頭書と前文の基本的な読み方については、p.56 の解説をご参照ください。

この前文では、契約締結に至った経緯、及び当事者間の役割などが記載されます。

NOW THEREFORE, in consideration of 以下で対価関係も示されています。この場合の対価関係は合弁事業契約の締結により、双方が権利義務を負い、相互にメリットがあることで示されています。

また、ここでもう一度確認していただきたいのが、X 社と Y 社が合弁会社の株主として合弁事業契約を締結するという点です。

合弁会社の設立及び事業目的

条項

1. Establishment and Business Objectives of Joint Venture Company

1.1 X and Y shall cause a joint venture company (hereinafter referred to as "JVC") to be incorporated under the name of XY Corporation with an initial authorized capital amount ① of One Hundred Million Japanese Yen (¥100,000,000.00) divided into One Hundred Thousand (100,000) ordinary shares ② of One Thousand Japanese Yen each and an initial issued share capital ③ of Fifty Million Japanese Yen (¥50,000,000.00) subscribed for and issued to X and Y, in accordance with the following amount:

(i) X: ¥35,000,000.00 (70%)
(ii) Y: ¥15,000,000.00 (30%)

1.2 The business objectives④ of JVC shall be as follows:

(i) to manufacture and produce the Products;
(ii) to implement and conduct research and development⑤ work with respect of the Products;
(iii) to market, distribute and sell the Products in Singapore; and
(iv) to implement and conduct other kinds of activities directly and indirectly related to any of the foregoing⑥ objectives.

1.3 Both Parties agree on contents of Memorandum of Association⑦ and Articles of Association⑧ as attached hereto.

訳例

第１条　合弁会社の設立及び事業目的

1.1　Ｘ社及びＹ社は、ＸＹコーポレーションという名称の合弁会社（以下「JVC」という）を設立する。当該会社の当初授権資本金額は、日本円で￥100,000,000.－であり、当該資本金額は、１株当たり￥1,000.－の普通株式100,000株に分割される。及び、最初に発行される株式の資本金は、日本円で￥50,000,000.－とし、Ｘ社及びＹ社が、下記の金額に従って引き受け、株式が発行される。

(i)　Ｘ社：　￥35,000,000.00（70%）
(ii)　Ｙ社：　￥15,000,000.00（30%）

1.2　JVCの事業目的は、下記のとおりとする。

(i)　本製品の製造
(ii)　本製品に関する研究開発の遂行及び実施
(iii)　シンガポールでの本製品のマーケティング、流通及び販売
(iv)　上記目的のいずれかに直接的及び間接的に関連する他の事業活動の遂行及び実施

1.3　両当事者は、本契約に添付される基本定款及び付属定款の内容に合意する。

語句チェック

① initial authorized capital amount　当初授権資本金額
　※ authorized capital とは、基本定款に規定された新株を発行できる総数及び総額を指す。
② divided into ～ ordinary shares　～株の普通株式に分割された
③ initial issued share capital　最初に発行される株式の資本金
　※ issue shares で「株式を発行する」の意。
④ business objective　事業目的
⑤ research and development　研究開発
⑥ foregoing　上述の
⑦ Memorandum of Association　基本定款
　※アメリカの会社法では Articles of Incorporation。
⑧ Articles of Association　付属定款
　※アメリカの会社法では By-Laws。

■ 解説

1.1及び1.2では合弁会社の資本金（授権資本金及び払込済資本金）、当事者の出資割合、合弁会社の事業目的が定められています。

1.3の Memorandum of Association（基本定款）と Articles of Association（付属定款）に記載される事項ですが、おおむね前者は本契約第1条に記載される項目（会社の資本金、株主、役員構成、事業目的など、最重要事項）、後者は、

その他の項目（役員の選任方法、取締役会の決議方法など）になります。

停止条件及び JVC 株式の引受完了

条項

2. Conditions Precedent / Closing of Subscription of JVC Shares

2.1 This Agreement shall become effective upon the approval of the Singapore Government ("Conditions Precedent①").

2.2 Subject to② satisfaction of the Conditions Precedent, the subscription of the Capital③ of JVC between X and Y shall together take place in 1-1-X Shinjuku-ku, Tokyo, Japan on the seventh day after the satisfaction of the Conditions Precedent, (the completion of such subscription is hereinafter referred to as the "Closing④," and the date of Closing is hereinafter referred to as the "Closing Date⑤"). The Parties shall, by telegraphic transfer⑥, cause to be paid to the bank account designated by JVC in Japanese Yen the amount specified respectively in Article 1.1 hereof.

訳例

第２条　停止条件及び JVC 株式の引受完了

2.1　本契約は、シンガポール政府の承認に基づき効力を発する（「停止条件」）。

2.2　停止条件を満たすことを条件に、X社及びY社間のJVC資本の引受は、停止条件を満たした後7日目に日本国東京都新宿区1－1－Xにて同時に行われる（当該引受の完了は、以後「クロージング」と称し、以後、終了日を「クロージング日」と称する）。当事者は、JVCが指定する銀行口座に、本契約1.1条に各々規定される金額を日本円にて、電信送金によって支払う。

語句チェック

① condition precedent　停止条件
　※precedentは「先立つ」の意。
② subject to ～　～を条件として
　※p.81参照。
③ subscription of the capital　資本の引受け
④ closing　クロージング
　※取引や契約の「実施、実行、履行」を指す。
⑤ closing date　クロージング日
⑥ telegraphic transfer　電信送金
　※略語はTT。

■ 解説

2.1では、本契約がシンガポール政府の承認に基づいて効力を発すると規定しています。これは、合弁会社がシンガポール法に準拠して、シンガポールに設立されるためです。文末に（“Conditions Precedent”）とあります。condition precedent（停止条件）とは、条件が成就するまで効力を発生させない条件をいいます。つまり、ここではシンガポール政府の承認なしでは本契約は効力が発生しないという意味になります。

また反対にcondition subsequent（解除条件）とは、条件が成就した場合には、効力を発生させない条件をいいます。これには解除条件が発生した際の解除権の行使といった場合があります。

2.2では2.1の停止条件を満たすことを条件として、資本の引受けが行われるとあります。ここで、Closingという言葉が出てきます。closing（クロージング）とは、取引や契約の「実施、実行、履行」を指します。つまりここでは、

「JVC 資本の引受けの完了＝クロージング」としています。

2.2 では停止条件が成就した後７日目を、closing date（クロージング日）と決めて、両当事者がその日に各自の出資金を払い込むことを規定しています。

引受期間や引受け場所の設定は当事者の合意事項です。

また、本条項では、新規に合弁会社を設立する場合を想定しているので、クロージングの停止条件が政府認可のみとなっていますが、既存会社の増資によって合弁会社を設立する場合には、既存会社の株主と CEO が会社の内容の「表明及び保証（Representations and Warranties)」を行い、それを維持する条件が成就することがクロージングの停止条件となっていることが多くあります。

既存会社を買収する際には「表明及び保証」を行うことが必要なので、これではあたかも買収するときと同じようですが、既存会社へ出資する場合でも、企業買収と同じリスク（企業が負債をすべて承継する）があるので、この条項が入ってくるのは当然のことと言えます。

JVC の株式資本の増加に伴う新株引受権

条項

3. Pre-emptive Rights on Increase of Share Capital of JVC

3.1 In the event of any increase in the issued share capital ① of JVC after completion of the issue of the shares of JVC in accordance with Article 1.1, then existing shareholders of JVC shall have the rights of subscribing newly issued shares ②, in proportion to then ownership ratio ③ by respective Party of the shares of JVC.

3.2 In case any of such existing shareholders does not exercise the rights of subscribing newly issued shares in proportion to then ownership ratio, other shareholders may exercise such rights.

訳例

第３条　JVCの株式資本の増加に伴う新株引受権

3.1　本契約第1.1条に従ってJVCの株式が発行された後において、発行済株式資本が増加した場合には、既存のJVCの株主は、各出資者が有する当該株式のその時点での所有比率に比例して、発行される新株を引き受ける権利（新株引受権）を有する。

3.2　かかる既存株主が、その時点での株式所有比率に比例して、発行される新株を引き受ける権利（新株引受権）を行使しない場合は、他の株主が当該権利を行使することができる。

語句チェック

① issued share capital　発行済株式資本
② subscribe newly issued shares　新株を引き受ける
③ in proportion to ownership ratio　出資（持分）比率に比例して

■ 解説

pre-emptive right（新株引受権）とは、両当事者による合弁会社において新たに発行された株を、優先的に引き受ける権利を指します。

3.1ではこの権利を規定しています。新株が発行された分、つまり増資された部分をいずれか一方の当事者のみが引き受けたり、どちらかが多めに引き受けたりすると、当初の出資比率が崩れてしまいます。そうならないように、両当事者は出資比率と同じ割合だけ引受権を持つということが規定されています。ですから、このin proportion to then ownership ratio（その時点での出資比率に比例して）という言葉は大変重要な役目を持っています。

さらに、3.2では当事者が新株引受権を行使しない場合には、他の株主がその新株引受権を行使することができることを規定しています。

JVCの株主総会

条項

4. General Meeting of Shareholders of JVC

4.1 General Meeting of Shareholders① of JVC shall be held at least once in every calendar year②.

4.2 The quorum③ for a General Meeting of Shareholders shall be more than 50%④ of then issued and outstanding shares⑤ of JVC. Unless otherwise prescribed by law⑥ or agreed upon by the Parties, each and every resolution⑦ shall be decided by a simple majority⑧ of the votes cast except that any of the following matters shall be resolved unanimously⑨ by all of the then shareholders of JVC who have actually voted, as the case may be⑩, with affirmative votes⑪ of the proxies⑫ or duly authorized representatives of the shareholders:

(i) modification of the Memorandum of Association⑬ of JVC;
(ii) merger, consolidation, division, dissolution, liquidation or winding up⑭ of JVC;
(iii) transfer or disposal of JVC's assets and/or business other than in the ordinary course of business;
(iv) increase and decrease of the authorized capital⑮ of JVC; or
(v) approval of audited annual financial statements⑯ of JVC.

訳例

第４条　JVCの株主総会

4.1　JVC の株主総会は、各暦年に少なくとも一度開催される。

4.2　株主総会の定足数は、JVC のその時点の発行済株式の 50% を超えるものとする。各々の決議は、法で規定されるかまたは両当事者により別途同意された場合を除き、投票数の単純過半数により決定される。ただし、以下の事項は、実際に投票する JVC のすべての株主の全員一致により決議されるか、場合に応じて、株主の代理人もしくは正当に権限を与えられた代表者による全員一致で賛成決議がなされるものとする。

(i)　JVC の基本定款の修正
(ii)　JVC の吸収合併、新設合併、分割、解散、清算
(iii)　通常の営業以外の JVC の資産及び事業の移転または処分
(iv)　JVC の授権資本の増加及び減少、または
(v)　JVC の監査済年次財務諸表の承認

語句チェック

① general meeting of shareholders　株主総会
② at least once in every calendar year　各暦年に少なくとも一度
※「営業年度」は business year。
③ quorum　定足数
④ more than ～　～を超えて（～を含まず、それ以上）
※ p.108 参照
⑤ issued and outstanding share　発行済株式
※ issued and outstanding は「(株式などが) 発行され、その状態が継続している」の意。自己株式の買取りにより消却されていない状態を指す。
⑥ unless otherwise prescribed by law　法で規定されない限り
⑦ resolution　決議
※動詞の resolve は「議決する」の意。
⑧ simple majority　単純過半数
⑨ be resolved unanimously　満場一致で議決される
⑩ as the case may be　場合に応じて

⑪ affirmative vote　賛成票
⑫ proxy　代理人
※ proxy vote で「代理投票」の意。
⑬ Memorandum of Association　基本定款
※アメリカの会社法では Articles of Incorporation。
⑭ merger, consolidation, division, dissolution, liquidation or winding up
吸収合併、新設合併、分割、解散、清算
※ liquidation は会社解散時の「清算」、winding up は「(会社の) 解散、清算」の意。
⑮ authorized capital　授権資本
※基本定款に規定された新株を発行できる総数及び総額を指す。
⑯ audited annual financial statements　監査済年次財務諸表
※ audit は「監査する」の意。

■ 解説

合弁企業の株主総会の決議方法を規定しています。

4.1 では株主総会の開催頻度を少なくとも年に1度としています。

4.2 では、通常決議の定足数は発行済株式総額の50%超であること、議決は投票の単純過半数をもって決定すること、基本定款の修正など重要事項については全員一致の決議が必要なこと(特別決議事項)を規定しています。

この特別決議事項というのは、(i)～(v)として挙げられている重要事項です。これらの重要事項を何にするかは、少数株主(本契約ではY社)と多数株主(本契約ではX社)との間で交渉の中心ポイントになります。

例えば一定金額を超える決済を行う場合や、海外に輸出する場合なども特別決議事項となるでしょう。

そのため、そういった重要事項については特に注意が必要です。

JVC の取締役

条項

5. Directors of JVC

5.1 Upon the capital subscription ① referred to in Article 1.1 hereto, the Parties shall agree to nominate in total ten (10) directors② of JVC to be appointed from each Party as follows:

X: seven (7) directors
Y: three (3) directors

5.2 President of JVC shall be appointed by X, and Vice President and Chief Financial Officer③ of JVC shall be appointed by Y.

訳例

第５条　JVC の取締役

5.1　本契約の第 1.1 条に記載される資本の引受け後、両当事者は、JVC の取締役を計 10 名選任し、各当事者より下記のとおり指名することに合意する。

X 社：取締役７名
Y 社：取締役３名

5.2　JVC の社長は X 社より指名し、副社長兼最高財務責任者は Y 社より指名するものとする。

語句チェック
① capital subscription　資本の引受け
② director　取締役
③ Chief Financial Officer　最高財務責任者、CFO

■ 解説

合弁会社の取締役の指名権限に関する規定です。

5.1では、取締役を10名とし、両当事者の出資比率に比例して、X社から7名、Y社から3名を指名すると規定しています。ここでは「出資比率に比例して」という言葉を明記していませんが、その趣旨です。

5.2では、合弁会社の社長はX社によって指名され、合弁会社の副社長兼最高財務責任者はY社によって指名されるとしています。

JVCの経営

条項

6. Management of JVC

6.1 Subject to① decisions of the General Meetings of Shareholders, the business of JVC shall be managed by the Board of Directors② of JVC. The Board of Directors shall decide all matters of JVC except those required to be approved, determined or decided by the General Meeting of Shareholders under the Singapore laws, the Memorandum of Association③ and this Agreement.

6.2 The quorum④ for a meeting of the Board of Directors shall be five (5) directors.

6.3 All matters shall be resolved by a simple majority of the members of the Board of Directors except any of the following matters shall be resolved by more than three-fourths⑤ of all the directors of JVC:

(i) change of JVC's corporate organization;
(ii) resolution of dividends⑥; or

(iii) approval of annual, mid-term or long-term business plan of JVC.

訳例

第６条　JVC の経営

6.1　株主総会の決定に従い、JVC の事業は JVC の取締役会により経営される。取締役会では、シンガポール法、基本定款及び本契約に基づき、株主総会による承認または決定が要求される場合を除くすべての JVC の事項が決定される。

6.2　取締役会の定足数は５名の取締役とする。

6.3　すべての決議案は取締役会のメンバーの単純過半数によって決議される。ただし、以下に記載するいずれの事項は、JVC の全取締役の４分の３を超える取締役による決議を必要とする。

(i)　JVC の会社組織の変更
(ii)　配当の決議、または
(iii)　JVC の年次、中期もしくは長期の事業計画の承認

語句チェック

① subject to ～　～に従って
② the board of directors　取締役会
③ Memorandum of Association　基本定款
④ quorum　定足数
⑤ more than three-fourths　4 分の 3 を超える（4 分の 3 を含まず、それ以上）
※ p.108 参照。
⑥ resolution of dividends　配当の決議
※ dividend は「配当」の意。

■ 解説

取締役会の運営は、設立準拠法（ここではシンガポール法）、基本定款（Memorandum of Association）及び本契約に基づいて行われることが規定されています。設立準拠法、基本定款、本契約の3つの内容が矛盾する場合には、本契約、基本定款、設立準拠法の順で優先して適用されます。

さらに、取締役会の定足数、通常決議の方法、特別決議事項（4分の3の特別多数を要求）を規定しています。特別決議事項を何にするかは、第4条「JVCの株主総会」と同じく、少数株主（本契約ではY社）と多数株主（本契約ではX社）との間で交渉の中心ポイントになります。

例えば一定金額を超える設備などの資産の売却や購入などは、特別決議事項になるでしょう。

JVCの資金調達

条項

7. Financing of JVC

7.1 The business of JVC shall be financed by its paid up share capital① and, if determined necessary or appropriate by the Board of Directors, by borrowings② from the financial institutions.

7.2 The Parties shall cause JVC to make its best efforts③ to procure borrowings at its own responsibility and on most favorable terms obtainable④ and so far as allowed under the law to render⑤ its assets as mortgage or pledge⑥ against such borrowings, and if and when the bank or other financing institution concerned demands additional guarantee⑦ for any such borrowings, then the Parties shall provide such guarantee so far as allowed under the law in proportion to⑧ their respective shareholdings in JVC at the time of provision of such guarantee.

訳例

第7条　JVC の資金調達

7.1　JVC の事業は、自らの支払い済み株式資本により、及び取締役会が必要または適切と決定した場合に金融機関からの借入金により、資本調達を行う。

7.2　両当事者は JVC に対し、自らの責任において、獲得し得る最も有利な条件で、かつ、上記借入金に対して自らの資産を担保として差し入れることが法にて認められる限り、借入金を調達するための最善の努力をせしめる。かつ、関係する銀行またはその他の金融機関がかかる借入に対し追加保証を要求する場合には、両当事者は、上記の保証を付与する時点の JVC の各当事者の保有株式に比例して、法に基づき認められる限り、かかる保証を与える。

語句チェック

① paid up share capital　支払済み株式資本
② borrowings（企業などの全）借入金
　※この意味では複数形で用いる。
③ make one's best efforts　最善の努力をする
　※ p.88 参照。
④ on most favorable terms obtainable　獲得し得る最も有利な条件で
　※ terms は複数形で「条件」、単数形で「期間」の意。
⑤ render　差し入れる
⑥ pledge　担保
⑦ guarantee　保証
　※ p.164 参照。
⑧ in proportion to ～　～に比例して

■ 解説

新規共同事業を運営するには、払い込まれた資本金だけでは足りませんので、運転資金が当然必要になってきます。

そこで融資を受けなければならないのですが、できたばかりの会社なので信用もないので、通常は親会社からの債務保証によって融資を受けるということになります。借入金による資金調達については、7.1 の 2 行目に if determined necessary or appropriate by the Board of Directors（取締役会が必要または適切と決定した場合に）とあります。つまりは「できる限り自己資本で」と言っているわけですが、実際は金融機関から借入をしなければならないわけです。

そのときに親会社の保証が必要になってきます。その場合、出資割合に応じて保証してもらうというのが一般的です。

株式譲渡の制限

条項

8. Restrictions on Transfer of Shares

8.1 Any shareholder may, subject to unanimous agreement① in writing of all other shareholders of JVC, sell, transfer②, assign③, mortgage④, pledge⑤, charge⑥, hypothecate⑦ or otherwise encumber⑧, deal with or part with the legal or beneficial ownership of any shares of JVC to a third party. Such agreement shall not be unreasonably withheld⑨.

8.2 Any Party who sells its shares to any party other than the Parties hereto shall cause such purchasing third party to obey the provisions of this Agreement, and shall further cause such third party to present in writing its pledge⑩ to abide by⑪ those provisions of this Agreement to the respective Party before the shares are transferred to such purchasing third party.

訳例

第８条　株式譲渡の制限

8.1　いずれの株主も、JVC の他の全株主が書面によって同意する事を条件として、第三者に対し、JVC の株式の法的もしくは受益的所有権を売却し、譲渡し、担保に供し、もしくはその他法的制限を課し、処分もしくは部分的に処分することができる。上記の同意は、合理的な理由なく拒否できないものとする。

8.2　本契約における当事者以外の当事者に対し、自らの保有株式を売却しようとする当事者は、株式を購入する第三者に本契約の条項を遵守させなければならない。かつ、株式が当該第三者に譲渡される前に、本契約の条項を遵守することを誓約書にて各当事者に対し、提示させるものとする。

語句チェック

① unanimous agreement　満場一致の合意
② transfer　譲渡する
③ assign　譲渡する
④ mortgage　抵当に入れる
⑤ pledge　担保に供する
⑥ charge　担保に供する
⑦ hypothecate　担保に入れる
⑧ encumber　（債務）を負わせる
⑨ be unreasonably withheld　合理的な理由なく差し控えられる
⑩ pledge　誓約
⑪ abide by ～　～を守る

■ 解説

株式の譲渡制限の規定です。合弁会社の株式が競合他社に渡ったりしたら大変ですので、この条項が当然入ってきます。

8.1 では、全株主の書面同意なく、第三者へ株式の譲渡ができないと規定しています。8.2 では、全株主の書面同意があって、第三者へ株式の譲渡を行う場合には、当該第三者へ本契約の条件を遵守することを誓約書で同意させるとも規定しています。

さらに、第三者へ株式の譲渡を行う場合には、第9条「優先先買権」を規定することもあります。

優先先買権

条項

9. Right of First Refusal

If either Party intends to sell to an unaffiliated① buyer all of its shares of JVC, it shall first offer② to sell such shares to the other Party at the fair market price③ of the shares. Such offer will expire④ in five business days⑤ after the date the offer was made. If the offer is accepted for all of the shares, such Party shall be obligated to complete the transaction⑥ at the offered price⑦ within five business days after acceptance.

訳例

第９条　優先先買権

一方の当事者が自らの JVC の全保有株式を外部の買い手に売却することを希望する場合、まず、他方当事者に対し、適正な市場価格で当該株式の売却を提示するものとする。かかる売却提示は、提示の日より5営業日後に失効するものとする。他方当事者が全株式に渡って提示を受け入れた場合、提示した当事者は、受け入れ後5営業日以内に提示価格で取引を完了しなければならない。

語句チェック

① unaffiliated　つながりのない
② offer　提示する
③ fair market price　適正な市場価格
④ expire　失効する
⑤ business day　営業日
⑥ transaction　取引
⑦ offered price　提示価格

■ 解説

第三者（外部の買い手）へ株式の譲渡を行う場合には、このような優先先買権を規定することもあります。第三者へ株式の譲渡を行う前に、相手方の株主へ購入を申し込み、その申込が一定期間内に承諾されない場合に、初めて当該第三者へ株式の譲渡を行うことができるとする規定です。

デッドロック

条項

10. Deadlock

In case management of JVC has disagreed and fallen into deadlock① , both Parties shall discuss resolution② of such deadlock.

訳例

第10条　デッドロック

JVCの経営陣が合意に達せず、デッドロックの状況を来した場合、両当事者はかかるデッドロックの打開に向け、協議を行うものとする。

語句チェック

① deadlock　デッドロック、膠着状態
　※ p.269 も参照。
② resolution　打開

■ 解説

解説は p.269 を参照してください。

競業禁止

条項

11. Non-Competition

Each Party shall not be engaged in any business which is competitive① with JVC business for the duration of this Agreement.

訳例

第 11 条　競業禁止

いずれの当事者も、本契約が存続する期間中、JVC の事業と競合する事業に従事してはならないものとする。

語句チェック

① competitive　競合する

■ 解説

こちらも当然のことですが、本契約の有効期間中は各当事者は合弁事業と競合する事業を行うことができないことを規定しています。

協議

条項

12. Discussions

In case the cumulative loss① of JVC exceeds② 100% of the issued share capital, the Parties shall discuss and implement restructuring and improvements of the JVC business. If it is not successful for two consecutive quarters③ after such implementation, the Parties shall discuss discontinuation④ of the JVC business. In case JVC is responsible for the final loss⑤, each Party shall be responsible for such final loss in proportion to then ownership ratio⑥ of JVC.

訳例

第12条　協議

JVCの累積損失が発行済株式資本相当額を上回った場合、両当事者は、JVC事業の再構築策及び改善策を協議のうえ、履行するものとする。かかる履行の後、2四半期連続で改善がみられない場合、両当事者は、JVC事業の停止を協議するものとする。JVCの責に帰する最終損失が生じた場合、各当事者はその時点でのJVC株式の所有比率に比例して、かかる損失の責を負うものとする。

語句チェック

① cumulative loss　累積損失
② exceed ～　～を超える（それを含まない）
③ for two consecutive quarters　2四半期連続で
　※ consecutiveは「連続する」、quarterは「四半期」。
④ discontinuation　中止、廃止
⑤ final loss　最終損失

⑥ in proportion to ownership ratio　出資（持分）比率に比例して

■ 解説

発行済資本金額の100%を超える累積損失が発生した場合には、当事者は事業再編・改善などを議論し、実施し、再編・改善後連続２四半期経過しても見通しが立たない場合には、当事者は合弁事業の中止を議論すると規定しています。

合弁会社は有限責任会社であることが一般的ですが、株主の親会社からの借り入れや買掛金が最終的に残る可能性があります。このような最終損失について、当事者はその出資比率に応じて責任を負うと規定しています。

後文・署名・添付書類

条文

IN WITNESS WHEREOF, the Parties hereto have caused this Agreement to be executed in duplicate by their duly authorized representatives.

X, Inc.

By: [Signature]
Name: Ichiro Takigawa
Title: President
Date：

Y Corporation

By: [Signature]
Name: Michael Yeo

Title: President
Date:

- -

Exhibits:
Exhibit A Memorandum of Association
Exhibit B Articles of Association
Exhibit C Technical License Agreement
Exhibit D Parts Supply Agreement
Exhibit E Personnel Dispatch Agreement
Exhibit F Distributorship Agreement
Exhibit G Logistics Agreement
Exhibit H Outsourcing Agreement
Exhibit I Labor Agreement

訳例

上記の証として、本契約当事者は、両当事者の正当な権限を有する代表者により本契約２通を締結せしめた。

X社

署名 ________________
氏名：滝川一朗
肩書：社長
日付：

Y社

署名 ____________________

氏名：マイケル・ヨー

肩書：社長

日付：

別添

別添 A　基本定款

別添 B　付属定款

別添 C　技術援助契約書

別添 D　部品供給契約書

別添 E　人材派遣契約書

別添 F　ディストリビュータ契約書

別添 G　運送委託契約書

別添 H　業務委託契約書

別添 I　労働協約書

■ **解説**

後文、署名の解説は第 4 章 p.59 を参照してください。また、添付書類ですが、ここでは「付随契約書」を多数添付しています。これについては、下記解説を参照してください。

付随契約書

合弁事業契約を締結する場合には、それと同時にもしくは締結の直後に多くの ancillary agreement（付随契約書）の締結が必要となってきます。

合弁事業契約に付随する契約書には、例えば次ページの表に示すものがあります。

これらの交渉においては、いったん合弁事業契約を締結してからの交渉となるとリスクが発生します。

例えば、高付加価値の技術などを提供する当事者（本契約ではX社）にとっては、ライセンス料などの交渉で、足元を見られてロイヤルティ額を大幅に減額されるといった可能性もあります。

そのため、合弁契約書を締結する際は、これらの付随契約書を同時にパッケージで交渉し、同意・締結していくことが肝要です。

合弁事業契約の付随契約書例

契約当事者	契約書名	内容
JVC－X社	Technical License Agreement	合弁会社への技術援助
JVC－X社	Parts Supply Agreement	重要部品の合弁会社への供給
JVC－X社	Personnel Dispatch Agreement	合弁会社への人材派遣
JVC－Y社	Distributorship Agreement	ディストリビュータ契約
JVC－Y社	Logistics Agreement	運送委託契約
JVC－Y社	Personnel Dispatch Agreement	合弁会社への人材派遣
JVC－X社	Outsourcing Agreement	業務委託契約
JVC－Y社	Outsourcing Agreement	業務委託契約
JVC－労働組合	Labor Agreement*	労働協約

*労働争議の多い欧州では一般的な付随契約書になります。

合弁事業契約の付随契約

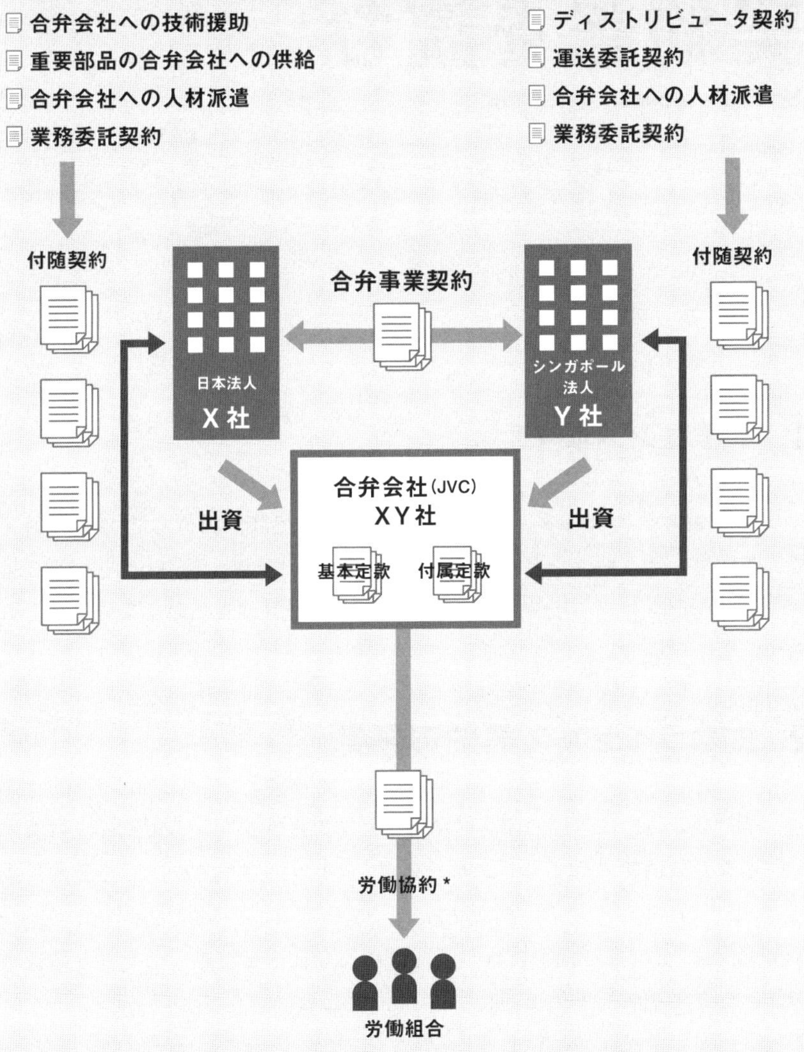

＊労働争議の多い欧州では一般的な付随契約書です。

ソフトウェアライセンス契約書を読む

Software License Agreements

1. ライセンス契約

ライセンス契約（License Agreement）は、特許、商標などの産業財産権、著作権、ノウハウなどの知的財産権（intellectual property right）の権利者（ライセンサー：Licensor）が、一定の使用料の支払いを条件に、それらの使用を相手方に許諾する契約です。

2. 主なライセンス契約の種類

ライセンス契約は各種の産業財産権、知的財産権を特定して締結されますが、主な企業間でのライセンス契約には、（1）特許やノウハウを契約対象とした「特許・ノウハウのライセンス契約（Patent and Know-How Agreement）」、（2）特定技術の製造に必要な技術を対象とした「製造技術のライセンス契約（Technical Assistance Agreement）」、（3）ソフトウェアを対象とした「ソフトウェアライセンス契約（Software License Agreement）」などがあります。このうち、本書では（3）の「ソフトウェアライセンス契約書」を見ていきます。

3. ソフトウェアライセンス契約のチェックポイント

本書で扱う、ソフトウェアライセンス契約（Software License Agreement）は、ビジネスソフトウェアの使用許諾（ライセンス）を行うために使用の条件や対価（license fee、royalty）を定めるものです。

ライセンサーがソフトを開発して、ライセンシーに使用許諾を与え、ライセンシーはそれに対する対価を支払うというものです。ここでは、企業間（Business to Business）のライセンス契約を想定しています。

特に下記の点に注意して締結する必要があります。

（1）現状渡し

ソフトウェアのライセンスは、完成された商品の売買・引渡しとは異なり、未完成のソフトウェアを現状渡しするため、無保証となるのが原則です。これについては、実際にソフトウェアライセンス契約書の第８条（p.318）で詳しく見ていきます。

（2）損害賠償

間接損害の責任の排除や、損害賠償額の上限の設定が行われることがあります。

この背景には、ソフトウェアに、その使用によってシステム損害などといった大きな間接損害を発生させるリスクがあるという事情があります。そのため、ライセンサーは間接損害を排除して、直接損害のみ責任を負うという立場を取ります。

しかも直接損害のみに対して責任を負う場合でも、ライセンスフィーなどの取引金額によって賠償額の上限を設定するケースが多いのが現状です。ソフトウェアのライセンサーは小規模の会社が多く、そういった会社の場合、青天井で責任を負うことで会社が倒産して結局ライセンシーへ迷惑を掛けるというリスクがあります。あるいは一定規模の上場企業であっても、倒産により投資家へ迷惑を掛けるといったリスクがあります。そのため、ライセンサーはこのような責任制限を設定することでリスク回避を図るわけです。

(3) サブライセンス

サブライセンス（sub-license）とは、再使用許諾のことです。許諾を受けたライセンスをライセンシーが、さらに第三者に再許諾する権利です。

(4) 「独占」か「非独占」か

ソフトウェアのライセンス契約では、複数のライセンシーを想定していますので、独占権（exclusive）の設定はなく、非独占権（non-exclusive）のライセンスになっています。

(5) 対価

対価（license fee、royalty）の算定方法は重要です。当然のことながら、ライセンサーはできるだけ多く請求したいし、ライセンシーはできるだけ金額を抑えたいでしょう。企業間のソフトウェアライセンス契約では、ライセンサーが提示するプライスリストをベースに合意が行われます。

(6) 改良

ライセンシーがソフトウェアを使用していて新たな改良技術を発明した場合に、その改良技術が誰に帰属するかを、あらかじめ合意することがあります。

この規定がなければ発明者に帰属することになりますが、以前はこれを「無条件かつ無償でライセンサーへ譲渡される」と規定することもありました。しかし現在では、独占禁止法上の不公正取引（不当な拘束条件付取引）に該当し無効となる可能性が高くなっています。

そこでそれを回避するために、最近では、改良技術のライセンサーへの譲渡やライセンス付与の対価を含む条件は、当事者間で交渉・合意するとしている規定が多くなっています。

4. 実際にソフトウェアライセンス契約書を読む

(1) ケーススタディ

ここからは、実際のケースに見立てて、ソフトウェアライセンス契約書を読みます。

Case:5

米国法人のビジネスソフトウェア開発会社であるＸテク社（ライセンサー）と、日本法人のパソコンメーカーであるＹサービス社（ライセンシー）が、ライセンス契約の交渉を開始することになりました。Ｘテク社は自社製品のソフトウェアのライセンス使用権をＹサービス社に付与するために、Ｙサービス社に対してソフトウェアライセンス契約書のドラフトを提示しました。

ソフトウェアライセンス契約

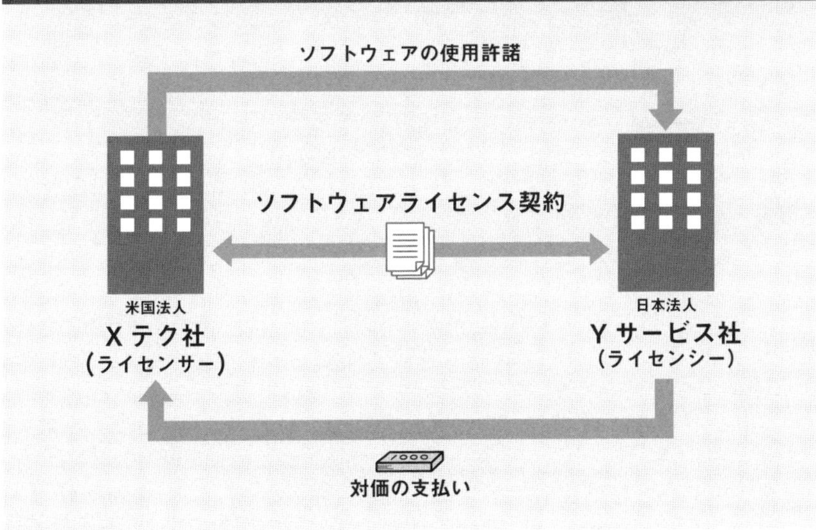

（2）ソフトウェアライセンス契約書の構成例

(3) ソフトウェアライセンス契約書の条項を読む

英文及び日本語訳は一例です。使用の際は弁護士から法的アドバイスを受けてください。

表題・頭書

条項

Software License Agreement (Vendor Oriented)

THIS AGREEMENT is made this 8th day of June, 2009 by and between X Tech, Inc., a corporation organized and existing under the laws of the State of California, with its principal place of business at 50XX Morehouse Drive, San Diego, California, U.S.A. ("Licensor") and Y Service K.K., a corporation organized and existing under the laws of Japan, with its principal place of business at 5-3-X, Akasaka, Minato-ku, Tokyo, Japan ("Licensee") and the Parties agree as follows.

訳例

ソフトウェアライセンス契約（ベンダー志向）

本契約は、2009年6月8日に、米国カリフォルニア州法に基づき設立され存続し、米国カリフォルニア州サンディエゴ市モアハウス・ドライブ50XXに主たる営業所を有するXテク社（以下「ライセンサー」という）と、日本法に基づき設立され存続し、日本国東京都港区赤坂5-3-Xに主たる営業所を有するYサービス社（以下「ライセンシー」という）との間で締結され、両当事者は下記のとおり合意する。

■ 解説

表題に、(Vendor Oriented) とあります。vendor は「売主」を意味するので、ここでは「ライセンサー」を指します。つまり、これはライセンサー側の契約書ドラフトという意味です。したがって、ライセンサー側に有利な形で書かれています。

ちなみに、vendee は「買主」を意味します。

前文は省略されています。動きの目まぐるしいＩＴ業界ではこのように簡略化することが多く、通常のパターンである WITNESSETH から始まり、WHEREAS 句が続いて、NOW THEREFORE に続く部分というのが入ってこない契約書が増えています。

ソフトウェアの使用許諾

条項

1. License to Use Software

In accordance with the terms and conditions herein contained, Licensor shall grant① to Licensee a non-exclusive② and non-transferable③ license to use the current version④ of Licensor's software. A description of the software system ("Software" or "Software System") is specified in Schedule A as attached hereto.

The Software shall initially be used only on the equipment and at locations as identified in Schedule B as "Information Processing Centers." Use of the Software may be subsequently transferred to Information Processing Centers maintained by Licensee at other locations; provided, however, that⑤: (i) the total number of Information Processing Centers at which the Software is used by Licensee shall not exceed five (5)⑥; and (ii) Licensee shall provide

Licensor with a written 30-day advance notice prior to implementation of such transfer.

The Software shall be used solely for processing Licensee's own business-related records ⑦ including without limitation ⑧ those of its customers and clients. Licensee shall not permit any third party to use the Software for any reason.

The Software shall be delivered ⑨, installed and tested at each Information Processing Center as specified in Schedule B, in accordance with the methods to be separately provided by Licensor to Licensee.

訳例

第1条　ソフトウェアの使用許諾

ライセンサーは本契約の条件に従い、ライセンサーのソフトウェアの最新版を使用する、非独占的かつ譲渡不可能なライセンスを、ライセンシーに付与する。本ソフトウェアシステムの明細（「本ソフトウェア」もしくは「本ソフトウェアシステム」）は、本契約に添付される別表Aに明記される。

本ソフトウェアは、当初、別表Bに「情報プロセッシングセンター」として特定される機器及び場所においてのみ使用されるものとする。その後、本ソフトウェアの使用は、ライセンシーがその他の場所で管理する「情報プロセッシングセンター」に移管することができる。ただし、(i) ライセンシーが本ソフトウェアを使用する「情報プロセッシングセンター」の総数が5つを超えないものとし、しかも (ii) ライセンシーは、当該移管の30日前に、書面によりライセンサーに通知する場合に限るものとする。

本ソフトウェアは、その顧客及び取引先の記録を含む（ただしこれに限定されない）ライセンシー自身の事業に関連する記録の処理のみを目的として使用される。ライセンシーは、第三者に対し本ソフトウェアの使用を理由を問わず許可しない。

本ソフトウェアは、別途ライセンサーからライセンシーへ与えられる方法に従い、別表Bに明記される各「情報プロセッシングセンター」において引き渡され、設置され、及びテストされるものとする。

語句チェック

① grant　付与する
② non-exclusive　非独占的な
③ non-transferable　譲渡不可能な
　※ transferable で「譲渡可能な」。動詞 transfer は「譲渡する、移管する」。
④ current version　最新版
⑤ provided, however, that ...　ただし…とする
　※「条件」を示す。p.87 参照。
⑥ not exceed five (5)　5を超えない
⑦ Licensee's own business-related records　ライセンシー自身の事業に関連する記録
⑧ including without limitation ...　～を含むがそれに限定されない
　※対義語は including, with limitations（～を含みそれに限定される）。p.93 参照。
⑨ deliver　引き渡す

■ 解説

まず、2行目に Licensor shall grant to Licensee a non-exclusive and non-transferable license to use the current version of Licensor's software.（ライセンサーは、ライセンサーのソフトウェアの最新版を使用する、非独占的かつ譲渡不可能なライセンスを、ライセンシーに付与する）とあります。

ライセンスの範囲を、non-exclusive（非独占的）としています。これは複数のライセンシーにライセンスすることが前提になるので当然です。

さらに non-transferable（譲渡不可能）とあります。これは、契約上の地位は勝手に譲渡できないためです。

そしてどういう権利を付与するのかというと to use the current version of

Licensor's software（ライセンサーのソフトウェアの最新版を使用する）権利となっています。この current version というのは、最新版、最新のリリースを指します。

次のパラグラフに出てくる Information Processing Center（情報プロセッシングセンター）というのは、サーバーなどのデータセンターのことで、詳細は契約書とは別に添付された「別表 B」に示されます。

そして、実際に使用するサーバーの数を限定しています。shall not exceed five (5)（5つを超えないものとする)、つまり5つまで使えるとしています。ですから、5つ以内であれば他にトランスファーできるということです。ただし、「移管の 30 日前に、書面によりライセンサーに通知する場合に限る」と条件を付けています。

ここで一番重要なのは、次のパラグラフにある The Software shall be used solely for processing Licensee's own business-related records（本ソフトウェアは、ライセンシー自身の事業に関連する記録の処理のみを目的として使用される)、つまり internal use「社内使用」に限定される、ということです。

これが原則であり、そういう前提でライセンスフィーが決められています。

したがって、次に Licensee shall not permit any third party to use the Software for any reason.（ライセンシーは、第三者に対し本ソフトウェアの使用を理由を問わず許可しない）と規定することになります。

例えば、どういう場合に第三者に使わせるかというと、コンサルティングの会社が自社として一つのライセンスを買い、クライアントにもそれを使ってもらうという場合などです。

クライアントが自身で使うというのはライセンシーの社内使用の範囲を超えているので、新たにライセンスを買うとか、あるいはコンサルタント会社用の契約にしてもらってサブライセンスができるようにするといった選択を取ることになります。

いずれにしても、「社内使用に限定される」というのが、最後の文章の重要なポイントになるわけです。

最後に、ソフトウェアの引渡し条件についても規定されています。

技術支援

条項

2. Technical Assistance

Upon request of Licensee, Licensor shall dispatch① to Licensee qualified personnel② of Licensor to provide technical assistance③ to the employees of Licensee relating to the Software subject to④ the terms and conditions to be mutually agreed upon between the Parties.

訳例

第２条　技術支援

ライセンシーから要請があった場合、ライセンサーは、本ソフトウェアに関してライセンシーの従業員に技術支援を行うため、両当事者間で合意した条件に従い、適格な人材をライセンシーへ派遣するものとする。

語句チェック

① dispatch　派遣する
② qualified personnel　適格な人材
③ technical assistance　技術支援
④ subject to ～　～に従って

■ 解説

ライセンス契約でノウハウが提供される場合には、ライセンサーの技術者がライセンシーの現場に派遣されて、ライセンシーの技術者へ提供されることになります。

価格及び支払い条件

条項

3. Price and Payment Terms

Licensee shall pay Yen 30 mil. as the license fees① to Licensor in lump sum② by remitting to the bank account③ to be designated by Licensor by March 31, 2010.

訳例

第３条　価格及び支払い条件

ライセンシーは、金3000万円を2010年3月31日までにライセンサーの指定する銀行口座へ送金することにより、ライセンサーへライセンスフィーを一括で支払う。

語句チェック

① license fee　ライセンスフィー
② in lump sum　一括で
③ remit to the bank account　銀行口座に送金する

■ 解説

ライセンスフィーは一括して期限までに現金払いとなっています。後日、万が一、ソフトウェアが第三者の知的財産を侵害しているなどの理由で使用できなくなった場合に、ライセンスフィーを返金すべきとライセンシーが主張する可能性があります。そこで、次の第４条では当事者間の合意で返金しないとする No Refund（返金不可）の規定をしています。

返金不可

条項

4. No Refund

The payment of license fees is non refundable ① for any reason even if the Software has been decided to be invalid by the Court in Japan.

訳例

第４条　返金不可

本ソフトウェアが日本の裁判所より無効と判断された場合であっても、支払われたライセンスフィーの返金はいかなる理由であれ一切行わない。

語句チェック

① non refundable　返金できない

■ 解説

ライセンス契約の場合には、ライセンスの対象となっているソフトウェアが裁判所から無効とされた場合であっても、すでに支払ったライセンスフィーは返金しないという規定です。これを規定しておかないと不当利得により返還しなければならないこともあります。

本ソフトウェアの所有権

条項

5. Ownership of Software

Licensor represents, and Licensee acknowledges①, that Licensor is the owner of the Software and any portion thereof②, and that Licensor has the right to grant to Licensee a license to use the Software.

訳例

第5条　本ソフトウェアの所有権

ライセンサーは、本ソフトウェア及びそのすべての部分の所有者であり、本ソフトウェアを使用するライセンスをライセンシーへ付与する権利を有することを表明し、ライセンシーはそれを承諾する。

語句チェック

① Licensor represents, and Licensee acknowledges　ライセンサーは表明し、ライセンシーは承諾する

② any portion thereof　ソフトウェアのすべての部分

※ = any portion of the Software。thereof については p.76 参照。

■ 解説

ライセンサーが本ソフトウェアの権利者であることを規定しています。例えば、ライセンサーが外国会社の100%子会社の場合には、当該外国会社からライセンスを受けて、ライセンシーへライセンスする権限を有している旨を規定します。

本ソフトウェアに関する権限及び秘密保持

条項

6. Title to Software and Confidentiality

The title① to the Software and all copies thereof are and shall remain in Licensor. In addition, all applicable legal rights to patents②, copyrights③,

trademarks ④ and trade secrets ⑤ in the Software or any modifications made at Licensee's request are and shall remain in Licensor. Licensee shall not sell, transfer, disclose or otherwise make available ⑥ the Software or copies thereof to any third party.
Licensee agrees to protect each module, Software product, documentation and copies thereof to maintain Licensor's rights therein, and further agrees to take an appropriate action by obtaining a written agreement to obey this Agreement from its employees and consultants who are permitted to access ⑦ each program or Software product. All copies of the Software made by Licensee, including translations, compilations ⑧, modifications ⑨ and updated versions, shall be the property ⑩ of Licensor. Violation ⑪ of any provision hereunder shall constitute a basis for immediate termination ⑫ of this Agreement.

訳例

第6条　本ソフトウェアに関する権限及び秘密保持

本ソフトウェア及びその一切の複製物の所有権は現在及び将来にわたりライセンサーに帰属する。さらに、本ソフトウェアまたはライセンシーの要求に従い作成される一切の改変物に対する特許、著作権、商標及び企業秘密に適用される一切の法的権利は、現在及び将来にわたりライセンサーに帰属する。ライセンシーは第三者に対し、本ソフトウェアまたはその複製物を販売、譲渡、開示もしくはその他の方法で利用可能にしてはならない。

ライセンシーは、各モジュール、ソフトウェア製品、文書及びこれらの複製物について、これらに対しライセンサーが有する権利を維持するために保護することに合意し、かつ各プログラムもしくはソフトウェア製品にアクセスが許可されている従業員及びコンサルタントから本契約に従うべき書面の合意を取ることにより適切な行為を行うことに合意する。翻訳、コンパイル、改変及びアップデートバージョンを含むライセンシーが作成する本ソフトウェアの一切の複製物は、ライセンサーの財産である。本契約のいずれの規定に違反した場合には、本契約を直ちに解除される根拠となる。

語句チェック

① title　所有権、権限
② patent　特許
③ copyright　著作権
④ trademark　商標
⑤ trade secret　企業秘密
※p.201 コラム参照。
⑥ sell, transfer, disclose or otherwise make available　販売、譲渡、開示もしくはその他の方法で利用可能にする
⑦ be permitted to access　アクセスが許可されている
⑧ compilation　コンパイル
※ソースコードからオブジェクトコードに変換すること。
⑨ modification　改変
⑩ property　財産、所有物
⑪ violation　違反、侵害
⑫ basis for immediate termination　直ちに解除する根拠
※immediate は「即座の」。

■ 解説

ソフトウェアの著作権

もともとソフトウェアの権利というのは著作権で保護されています。したがって、こうしたライセンス契約を結ぶ必要はないのではないかという疑問があります。

ところが、わざわざ結んでいるということは、著作権法では保護されない範囲があるということで、それに追加して、ライセンシー側の義務を誇張していると考えられます。

つまりライセンシーの方としては、著作権法上の規制もあるし、ライセンス契約上の義務とか規制もあるということで、二重に縛られていることになります。

(1) 所有権

では、ライセンシーのどこを二重に縛っているのかというと、まず冒頭を見てください。

The title to the Software and all copies thereof are and shall remain in Licensor.（本ソフトウェア及びその一切の複製物の所有権は現在及び将来にわたりライセンサーに帰属する）となっています。ソフトウェアの複製物の所有権も含まれています。

通常、複製物の権利というのは、買った人に譲渡されるというのが一般的です。例えば音楽CDとか映画のDVDなどの場合、われわれが買うのは媒体だけではなく、そこに焼かれた複製物の所有権を買っているということです。

あるいは書籍を買う場合、書籍の著作権は買いませんが、複製物の所有権を買っているということになります。

したがって、それをどこに売ろうが自由である、飽きたら他人に有償・無償を問わず譲渡できるわけです。

ところが、ソフトのライセンスの場合、条項にあるとおり、複製物の所有権はライセンサーに帰属します。買った人に移っていないのです。

買った人に移ると、自由にネットオークションなどに出されてしまいます。本来の著作物の概念から言うと、使い回しができるというのは利用者にとって重要な要素なのですが、このライセンス契約の条文に縛られてしまうとできません。それが前提で価格設定など、条件設定がされているからです。

つまり、勝手に売ったりすると他人のものを売ったことになってしまうわけです。一般の消費者向けソフトウェアライセンスのように、「1台のマシンにつき、1つのライセンス」というのも、会社の中で使い回しができないので非常に制約が大きいわけですが、その根拠というのも、複製物の所有権自体が移らないという大前提にあるわけです。

（2）第三者開示

また、第3文目に、Licensee shall not sell, transfer, disclose or otherwise make available the Software or copies thereof to any third party.（ライセンシーは第三者に対し、本ソフトウェアまたはその複製物を販売、譲渡、開示もしくはその他の方法で利用可能にしてはならない）とあります。

つまり、ソフトウェアに含まれている営業秘密を第三者に開示しないということが書かれています。

特にソースコードは非常に重要ですので、従業員やコンサルタントに開示する場合も書面の合意を取るようにと規定しています。これに違反した場合、ライセンス契約が直ちに解除されるという厳しい規定になっています。

本ソフトウェアの複製

条項

7. Copies of Software

The license granted hereunder shall include the right to copy the Software in non-printed, machine readable form① in whole or in part② to the extent necessary for Licensee's own business use purpose. In order to protect Licensor's trade secret③ and copyrights④ in the Software, Licensee agrees to reproduce and incorporate⑤ Licensor's trade secret or copyright notice⑥ in any copies, modifications or partial copies.

Licensee shall maintain no more than one copy⑦ of source code⑧ and three copies of object code⑨ for the Software for each Information Processing Center at any time.

訳例

第７条　本ソフトウェアの複製

本契約に基づき付与されるライセンスには、ライセンシー自身の事業に使用する目的に必要な限度で、印刷されない形式で、機械読込形式にて、全体もしくは一部分につき、本ソフトウェアを複製する権利が含まれる。本ソフトウェアにおけるライセンサーの企業秘密及び著作権を保護するため、ライセンシーは、一切の複製、改変または部分複製の中に、ライセンサーの企業秘密または著作権に関する通知を複製し、組み込むことに同意する。

ライセンシーは、いかなる場合でも、各「情報プロセッシングセンター」用に、本ソフトウェアのソースコード１コピー及びオブジェクトコード３コピーを超えて維持しないものとする。

語句チェック

① non-printed, machine readable form　印刷されない、機械読込形式
② in whole or in part　全体もしくは一部分において
③ trade secret　企業秘密
④ copyright　著作権
⑤ reproduce and incorporate　複製し、組み込む
⑥ copyright notice　著作権に関する通知
⑦ no more than one copy　１コピーを超えない（１コピーのみ）
　※ p.108 参照。
⑧ source code　ソースコード
　※プログラム言語で記述された原始プログラム。
⑨ object code　オブジェクトコード
　※ソースコードを変換して直接使用を可能にした目的プログラム。

■ 解説

これはいわゆるバックアップコピー許諾の規定です。バックアップについては、著作権法に規定があり、複製物の所有権を持っている人は必要数コピーをしてよいということになっています。

ところが、この契約の場合には、複製物の所有権はライセンサーに留保されているため、ライセンシーの著作権法上の権利は行使できません。この条項で許される範囲で、ライセンシーはバックアップコピーを作成・保管することができます。ここでは、ソースコードが１コピー、オブジェクトコードが３コピーを超えて維持しないと規定しています。

保証条件

条項

8. Warranty Conditions

(1) Licensor hereby warrants① that the Software will conform, as to all substantial operational features②, to Licensor's currently available specifications③ when installed and will be free of defects④ which would substantially affect system performance.

(2) Licensee must notify Licensor in writing, within ninety (90) days after the delivery of the Software to Licensee, of any such defect. If the Software is found defective⑤ by Licensor, Licensor's sole obligation under this warranty is to rectify⑥ such defect in a manner not inconsistent with Licensor's ordinary business practices.⑦

(3) THE ABOVE WARRANTY IS A LIMITED WARRANTY⑧ AND IT IS THE ONLY WARRANTY MADE BY LICENSOR. LICENSOR MAKES NO WARRANTY, EXPRESS OR IMPLIED⑨, AND LICENSEE AGREES THAT ALL WARRANTIES OF MERCHANTABILITY AND FITNESS FOR A PARTICULAR PURPOSE⑩ ARE EXPRESSLY EXCLUDED. LICENSOR SHALL NOT BE RESPONSIBLE FOR CONSEQUENTIAL, INDIRECT, OR INCIDENTAL DAMAGES⑪ EVEN IF SUCH DAMAGES ARE FORESEEABLE⑫ UNDER THE CIRCUMSTANCES. THE EXPRESS WARRANTY HEREUNDER SPECIFIED HAS BEEN MADE IN LIEU OF⑬ ALL LIABILITIES OR OBLIGATIONS OF LICENSOR FOR DAMAGES ARISING OUT OF THE DELIVERY, USE, OPERATION OR PERFORMANCE OF THE SOFTWARE.

(4) If any modifications⑭ are made to the Software by Licensee during the warranty period for any reason, this warranty shall immediately be terminated.⑮

(5) Licensee hereby agrees that Licensor's liability arising out of the contract, negligence⑯, strict liability in tort⑰ or warranty shall not exceed the aggregated amount payable⑱ by Licensee to Licensor under this Agreement.

訳例

第8条　保証条件

（1）ライセンサーは、本ソフトウェアがすべての実質的な操作上の特徴に関してインストール時点で最新に入手できる仕様に合致すること、及び実質的にシステムの働きに対して影響を及ぼす欠陥がないことを保証する。

（2）ライセンシーは、当該欠陥があった場合には、ライセンサーに対し、ライセンシーへの本ソフトウェアの引渡日から90日以内に、書面にて通知しなければならない。本ソフトウェアがライセンサーにより欠陥があると判断される場合には、本保証条項に基づくライセンサーの唯一の義務は、ライセンサーの通常の取引慣行と矛盾しない方法にて当該欠陥の修正を行うことである。

（3）上記保証は制限付き保証であり、かつライセンサーによる唯一の保証である。ライセンサーは、明示的もしくは黙示的を問わず、一切の保証を行わない。ライセンシーは、商品性及び特定目的への適合性のすべての保証が、明白に除外されることに合意する。ライセンサーは、結果的、間接的、もしくは付随的損害が予見可能の場合でも、当該損害に対して責任を負わない。本契約に明記された明示的保証は、本ソフトウェアの引渡し、使用、操作、もしくは履行から発生する損害に対するライセンサーのすべての責任もしくは義務の代わりに行われるものとする。

（4）ライセンシーが保証期間内に何らかの理由で本ソフトウェアの改変を行った場合には、本保証条項は直ちに解除されるものとする。

（5）契約、過失、不法行為もしくは保証における厳格な責任に起因するライセンサーの責任は、本契約に基づきライセンシーがライセンサーへ支払うべき合計金額を超えないことに、ライセンシーは合意する。

語句チェック

① warrant　保証する
② substantial operational feature　実質的な操作上の特徴
③ currently available specifications　最新に入手できる仕様
④ be free of defects　欠陥がない
⑤ be found defective　欠陥があると判断される
⑥ rectify　修正する
※ p.115 参照。
⑦ in a manner not inconsistent with Licensor's ordinary business practices　ライセンサーの通常の取引慣行と矛盾しない方法にて
※「商取引上、合理的な努力を超えない範囲で」といった意味合い（詳しくは解説参照）。
⑧ limited warranty　保証の制限
⑨ express or implied　明示的もしくは黙示的
⑩ warranties of merchantability and fitness for a particular purpose　商品性及び特定目的への適合性の保証
⑪ consequential, indirect, or incidental damages　結果的、間接的、もしくは付随的損害
※損害の種類については、p.101 を参照。
⑫ foreseeable　予見可能な
⑬ in lieu of ～　～の代わりに
※ラテン語。instead of ～と同義。
⑭ modification　改変
※類語は p.113。
⑮ immediately be terminated　直ちに解除される
※ immediately の類語は p.98。
⑯ negligence　過失

⑰ tort　不法行為
⑱ exceed the aggregated amount payable　支払うべき合計金額を超える

■ 解説

なぜ現状渡しなのか

ソフトウェアのライセンスは「現状渡し」、あるいはもっと言うと no warranty「無保証」になります。

なぜ「現状渡し」なのかというと、もともとソフトウェアというのは未完成の商品で、完成品ではないという思想があります。ご承知のように、常にバージョンアップ、常に進化しているわけです。

換言すれば、「役務提供」に近いのです。役務提供というのは基本的に現状渡しです。欠陥があれば欠陥も修正すればいい、という考え方が基本です。

ですから、「保証」という概念が非常に希薄であるというのが、このソフトウェアライセンス契約の特徴の一つです。こういった思想を知るというのは非常に大事です。というのもその思想に基づいてライセンス契約書が書かれているからです。

それでは、不具合があった場合はどうするのかというと、サポート契約やメンテナンス契約を別途締結する必要があります。

保証の排除

第８条の Warranty Conditions（保証条件）を実際に読んでいきましょう。

（３）が、「保証の排除」ですので、ここをまず見ていただきます。

１～２文目では決まり文句のように、「明示的保証」も「黙示的保証」も回避されています（詳しくは p.168 参照）。

気になるのはその次の文章です。LICENSOR SHALL NOT BE RESPONSIBLE FOR CONSEQUENTIAL, INDIRECT, OR INCIDENTAL DAMAGES EVEN IF SUCH DAMAGES ARE FORESEEABLE UNDER THE CIRCUMSTANCES.（ライセンサーは、結果的、間接的、もしくは付随的損害が予見可能の場合でも、当該損害に対して責任を負わない）とあります。

ここでは「間接損害（indirect damage）」を排除しているのが非常に重要なポイントとなります。ライセンシーの立場からすれば、間接損害については何らかの責任は負ってほしいところですが、この条文ではライセンサーは「直接損害（direct damage）」のみに対し責任を負うと規定しています。

その次の文章、THE EXPRESS WARRANTY ...（明示的保証…）以下はここで言っていること、つまり、（1）で言っていることが保証のすべてである、と規定しています。（1）は「売買基本契約」の第８条「製造物責任」の8.1「保証」（p.165）に近いのですが、仕様に合致するということと、欠陥がないということを保証しています。

■保証期間の限定

ただ、確かに保証はしているのですが、（2）で、「引渡日から90日以内」と期間を限定されています。ここでは一応90日間保証しているわけですが、中には、媒体（ＣＤ等）の瑕疵についてだけ保証するというようなものさえあります。それに比べると、ここではソフトの中身もある程度保証しているので、より良心的でしょう。

ここで、「90日間」で保証されているのはなぜでしょうか？

日本には消費者契約法という法律があり、一方的に消費者に不利な条項というのは無効になってしまいます。

例えば、かつては個人ユーザ向けのライセンス契約では、媒体のみ保証してソフト自体は一切保証しないと規定していました。これが消費者契約法に違反し、無効となってしまい、民法の一般保証規定が適用される可能性があるということが言われ始め、その後しばらくすると、多くの会社が90日という限定した保証を出し始めたわけです。

つまり、消費者契約法で無効になってしまうと、通常の民法の規定が生きてきますので、そちらで非常に重たい義務が課される。それであれば、期間を限定して出そうということではないでしょうか。

なぜ90日なのかというと、一説によると、特にアメリカの企業はクォーター（90日）決算ですので、その期間で返品などなく売上が確定するようにしていると言われています。

■欠陥の修正

（2）の2文目を見ていただきたいのですが、If the Software is found defective by Licensor（本ソフトウェアがライセンサーにより欠陥があると判断される場合には）とあり、さらにLicensor's sole obligation under this warranty（本保証条項に基づくライセンサーの唯一の義務は）と続き、is to rectify such defect（当該欠陥の修正を行うことである）――ここまではいいでしょう。

しかし次に、in a manner not inconsistent with Licensor's ordinary business practices（ライセンサーの通常の取引慣行と矛盾しない方法にて）とあります。これが唯一の義務であると規定しています。

よくbest efforts（最善の努力）とかreasonable efforts（合理的な努力）などという表現が使われますが、前者はかなり義務に近くなります（p.88も参照）。

つまり、採算割れしようが「最善を尽くす」ということです。後者の場合、commercially reasonable effortsのようにcommercially「商取引上」という副詞を伴うことが多く見られます。

これは例えば、3,000万円の支払いでライセンサーは使用許諾を与えたが、大変な不具合があって、修正をするのに1億円掛かるという場合は修正しなくてよいということになるわけです。なぜなら、1億円を掛けて修正することは、commercially reasonable efforts、つまり「商取引上合理的な努力」を超えているからです。

この契約書の第8条（2）の「通常の取引慣行と矛盾しない方法にて」というのも同様で、つまり採算割れをしてまで修正しなくてよい、という意味になるわけです。

これはimpossibleとimpracticableの違いと比較して考えるとわかりやすいでしょう。第6章2項の一般条項の所で解説した、第12条「契約期間満了前の解除」の（5）の最下行に、the continuation of this Agreement is rendered highly impracticable（本契約の継続が極めて不可能である）という文が出てきました。

ここでのimpracticableは「実行が不可能な」、つまりビジネス常識上に実行が不可能な、あるいは採算が取れない、という意味になります。これに対し、impossible は「物理的に不可能な」、つまりお金をいくら掛けてもできないという意味です。

つまり、「ライセンサーの通常の取引慣行と矛盾しない方法にて」というのは前者に当たり、「impracticable でない方法にて」といった意味合いになります。

■ 変更

（4）を見ますと、ライセンシーによってソフトに変更が加えられた場合には、理由のいかんを問わず、保証は直ちに解除される、となっています。

これは、不具合に関係なく、改変行為をした場合には、その時点で保証自体がなくなるという、ライセンシーにとって厳しい規定になっています。

■ 保証の金額

（5）では、「契約、過失、不法行為もしくは保証における厳格な責任に起因する」ライセンサーの責任は「ライセンシーが支払うべき（使用料）の合計金額を超えない」と規定しています。つまり、第３条で規定したライセンスフィーの 3,000 万円が上限です。（３）で間接損害については責任を負わないと規定しているので、3,000 万円の上限というのは、直接損害に対する責任の上限となります。

免責

条項

9. Indemnity

Licensor shall defend and hold harmless① Licensee against any action② or claim③ brought against Licensee to the extent that any Software used under this Agreement infringes④ any patents, copyrights, license or property right of others; provided, however, that⑤ Licensor is notified in writing of such claim by Licensee within seven (7) days after

Licensee has received such claim. Licensor shall have the right to control the defense of all such claims, lawsuits⑥ and other proceedings. In no event shall Licensee settle⑦ any such claim, lawsuit or proceeding without Licensor's prior written approval.

訳例

第９条　免責

ライセンサーは、ライセンシーに対し提起された訴訟やクレームについて、本契約に基づき使用される本ソフトウェアが第三者の特許、著作権、ライセンスもしくは財産権を侵害するとして提起された場合に限り、それらの訴訟やクレームからライセンシーを防御し、補償する。ただし、ライセンサーが、ライセンシーの当該クレーム受領後７日以内に、当該クレームについてライセンシーから書面による通知を受けることを条件とする。ライセンサーが当該クレーム、訴訟及びその他訴訟手続き一切の防御を支配する権利を有するものとする。ライセンシーが当該クレーム、訴訟もしくは訴訟手続きを解決する場合には、ライセンサーの事前の書面承認を要するものとする。

語句チェック

① defend and hold harmless　防御し、補償する
② action　訴訟
③ claim　クレーム
④ infringe　侵害する
　※violate も同義。
⑤ provided, however, that ...　ただし～を条件とする
　※「条件」を表す。p.87 参照。
⑥ lawsuit　訴訟
⑦ settle　解決する

■解説

この「免責」条項は、ライセンサーから許諾を受けて使用するソフトウェアが

第三者の特許を侵害しているとしてライセンシーが訴えられて損害を被った場合は、ライセンサーがライセンシーを免責し補償することを規定するものです。

ただしこの免責には条件があります。例えば、ライセンシーが本来100万払えば済むような和解に1億円も払ってしまった場合、その1億円をライセンサーに請求しても、ライセンサー側としてはライセンシーが勝手に和解したのだから面倒は見られないということになります。

したがって、provided, however, that ...（ただし～を条件とする）以下で、条件が規定されています。まず、ライセンシーがクレームを受けてから7日以内にライセンサーに書面で通知をすること、そして、訴訟等の管理・支配権はライセンサーが持ち、訴訟等の防御はライセンサーが主導で行うこと、としています。さらに最後の文章に念のため、ライセンシーはいかなる場合も勝手に和解をしてはいけない、と規定しています。

ライセンサーにより実施される研修

条項

10. Training by Licensor

Licensee shall limit the use of the Software to its employees who have been appropriately trained① in accordance with the standards separately set forth by Licensor. Licensor shall make training for the Software available to Licensee, pursuant to its standard training procedures, only if Licensee agrees to pay an appropriate training fees② to be calculated by such standard training procedures. Training shall be provided at a location, a timing and other conditions to be separately informed by Licensor.

訳例

第10条　ライセンサーにより実施される研修

ライセンシーは、ライセンサーが別途規定する基準に従って適切に研修を受けている従業員に本ソフトウェアの使用を限定するものとする。ライセンシーが標準研修方法に従って算出される適切な研修手数料を支払うことに同意する場合に限り、ライセンサーは、当該標準研修方法に従って本ソフトウェアの研修をライセンシーが利用できるようにしなければならない。研修は、ライセンサーが別途通知した場所・時間・条件で提供されるものとする。

語句チェック

① be appropriately trained　適切に研修を受けた
② appropriate training fee　適切な研修手数料

■ 解説

ソフトウェアの操作方法を誤ると不具合が発生したりするので、ライセンサー側としてはきちんと研修を受けた従業員のみに使用を限定するよう要請し、有償で研修を行うと規定しています。

それ以外の人が操作して不具合が生じた場合には、ライセンサーは責任を負わない、ということを意味します。

契約解除

条項

11. Termination

Licensor may terminate① this Agreement and license granted herein if any of the following occurs:

(1) Upon thirty (30) days' written notice in the event that Licensee, its officers or employees breach② any provision of this Agreement;

(2) In the event that Licensee: (i) terminates, winds up or suspends its operation or business; ③ (ii) becomes subject to ④ any bankruptcy or insolvency proceeding ⑤ under Federal or state statute; ⑥ or (iii) becomes insolvent or becomes subject to direct administration ⑦ by a trustee, receiver ⑧ or similar authority;

(3) Use of the Software by Licensee at any location other than those identified in Schedule B as "Information Processing Centers" shall constitute the basis for immediate termination ⑨ of this Agreement. Termination of this Agreement shall be in addition to any equitable remedies ⑩ available to Licensor;

(4) In the event of termination by reason of the Licensee's failure to comply with ⑪ any provision of this Agreement, Licensor may, at any time, terminate this Agreement and the license granted hereunder and may take immediate possession ⑫ of the Software, documentation and all copies thereof wherever located, without any advance notice. Within seven (7) days after the termination of this Agreement and the license, Licensee shall: (i) return, to Licensor, the Software in the form provided by Licensor or as modified ⑬ by Licensee; or (ii) upon request by Licensor, destroy ⑭ the Software and all copies thereof and certify in writing ⑮ that they have completely been destroyed. Termination under this paragraph shall not relieve Licensee of its obligations of confidentiality ⑯ stipulated hereunder ⑰; or

(5) In the event of termination due to Licensee's failure to comply with any of its obligations under this Agreement, Licensee shall still be responsible for any payments then due and payable ⑱.

Termination of this Agreement and the license shall be made in addition to any equitable remedies available to Licensor.

訳例

第 11 条　契約解除

ライセンサーは、以下のいずれかが発生した場合、本契約及び本契約において付与されるライセンスを解除する権利を有するものとする。

（1）ライセンシー、その役員または従業員が、本契約の各条項に違反し、30 日間の書面による通知を行った場合。

（2）ライセンシーが、(i) 自らの事業を解消・終了・停止した場合、(ii) 連邦もしくは州法に基づき、倒産もしくは債務超過により手続が開始された場合、(iii) 債務超過に陥るか、または破産管財人、管財人または同種の機関に直接管理されることになった場合。

（3）別表Bに「情報プロセッシングセンター」と記載された場所以外でのライセンシーの本ソフトウェアの使用は、本契約の即時解除を構成する。本ライセンス契約の解除は、ライセンサーの有する衡平法上の救済に加えて付与されるものである。

（4）ライセンシーが本契約の各条項に違反したことを理由とする解除の場合には、ライセンサーは、いつでも、本契約及び本契約に基づき付与された本ライセンスを解除し、本ソフトウェア、文書及びそれら一切の複製物を、いかなる所に所在しようとも事前通知なしに直ちに占有する権利を有する。本契約及び本ライセンスの解除後 7 日以内に、ライセンシーは、(i) 本ソフトウェアをライセンサーが提供した形式にて、もしくはライセンシーが改変した状態で、ライセンサーに返却する、または、(ii) ライセンサーの要求により本ソフトウェア及び一切の複製物を破棄し、かつそれらが完全に破棄されていることを書面にて証明するものとする。本条項に基づく解除は、本契約において規定されるライセンシーの秘密保持義務から、ライセンシーを免除するものではない。

(5) 本契約における各義務をライセンシーが履行しなかったことによる解除の場合、ライセンシーはその時点で支払期限が到来している支払義務を継続して負うものとする。本契約及び本ライセンスの解除は、ライセンサーに対する衡平法上の救済方法に加えて付与されるものである。

語句チェック

① terminate　解除する
② breach　違反する
③ terminate, wind up or suspend one's operation or business　事業を解消・終了・停止する
④ become subject to ～　～の下に置かれる、～に従う
※ p.81 も参照。
⑤ bankruptcy or insolvency proceeding　倒産もしくは債務超過手続
⑥ Federal or state statute　連邦法もしくは州法
※ statute は「制定法」の意。
⑦ direct administration　直接管理
⑧ trustee, receiver　破産管財人、管財人
※ trustee は破産事件の「管財人」、receiver は（破産時を含む）一般の「管財人」。類語の liquidator は資産を処分して会社の事業を終了させる「清算人」の意。
⑨ basis for immediate termination　直ちに解除する根拠
※ immediate は「即座の」。
⑩ equitable remedy　衡平法上の救済
⑪ comply with ～　～に従う
⑫ take immediate possession　直ちに占有する
⑬ modify　改変する
※ p.113 も参照。
⑭ destroy　破棄する
⑮ certify in writing　書面にて証明する
⑯ obligation of confidentiality　秘密保持義務
⑰ stipulated hereunder　本契約に規定された
※ = stipulated under this Agreement。here- については p.76 参照。

⑱ due and payable　支払期限が到来している
※同義語の重複表現。

■ 解説

（1）と（2）では、契約違反や一定の解除事由の発生による解除権の発生を規定しています。これに加えて、（3）では、ソフトウェアライセンス契約に特有である、「ライセンシーによる利用条件に反する行為が行われた場合の即時解除権の発生」を規定しています。

（4）と（5）では、解除後の現状回復措置、ライセンシーの支払債務への影響について規定しています。

救済

条項

12. Remedies

It is agreed that Licensor shall be entitled to obtain ① all appropriate relief ②, including injunctive and equitable relief ③, to enforce the provisions of this Agreement. This Agreement shall inure to ④ the benefit of ⑤ and be enforceable ⑥ by Licensor, its representatives ⑦, successors ⑧ or assigns ⑨, and shall be binding upon ⑩ Licensee, its successors, representatives and assigns.

訳例

第12条　救済

ライセンサーは、本契約に定める条項を行使するため、差止による救済及び衡平法上の救済を含む、あらゆる適切な救済を得る権利を有することに合意する。本契約は、ライセンサー、その代表者、承継者または譲受人の利益のために効力を生じ、これらの者によって執行されるものとし、かつライセンシー、その承継者、代表者及び譲受人に対して拘束力を有するものとする。

語句チェック

※ p.193 参照。

■ **解説**

NDA やソフトウェアライセンス契約書によく見られる一般条項です。解説はp.194 を参照してください。

税金

条項

13. Taxes

Licensee shall be responsible for, and shall pay at its expenses①, all sales and other applicable taxes②, whether federal, state, local or otherwise, which will be imposed by reason of③ the transactions contemplated by④ this Agreement. Licensee shall immediately pay, to Licensor, an amount equal to any such amounts actually paid, or required to be paid by Licensor under the applicable law⑤.

訳例

第13条　税金

ライセンシーは、本契約が意図する取引に対して課される一切の売上税及びその他の適用される税金について、連邦、州、地方その他を問わず、責任を負い、それらを自己の費用にて支払うものとする。適用法の下で、ライセンサーが実際に支払ったか、または支払いが要求される当該税金額と同等の金額を、ライセンシーは、ライセンサーに対して直ちに支払うものとする。

語句チェック
① at one's expense　自己の費用にて
② sales and other applicable taxes　売上税及びその他の適用される税金
③ be imposed by reason of ～　～を理由として課される
④ (be) contemplated by ～　～によって意図される
⑤ under the applicable law　適用法の下で

■ **解説**

ライセンスフィーを海外送金する際、支払当事者の国税当局に対して源泉税を支払わなければいけない場合があり、その分はライセンサーの手取りが少なくなります。

日米間は日米租税条約により、一定の手続きを踏むことでロイヤルティが免税される規定になっているので、ライセンスフィーの3,000万円を満額送金できます。しかし源泉の支払いが免除されていない国の場合、例えば源泉徴収税率が10%なら、300万円を源泉してから送金するため、ライセンサーの手取りは2,700万円になってしまいます。

そうすると当然、ライセンサーの方としては源泉分はライセンシーが負担すべきだと言ってくる。

その場合の根拠になるのが、この第13条の規定です。ここではライセンシーは満額払わなければいけないと規定しているので、例えば源泉徴収税率が10%の場合に3,000万円送金するためには、3,333万円送金しなければならないということになります。

記録及び監査

条項

14. Records and Audit

(1) Licensee shall keep complete and accurate records and books ① in English language.

(2) Licensee shall make such records and books available for audit② by the duly authorized representatives of Licensor with reasonable advance notice③.

訳例

第14条　記録及び監査

（1）ライセンシーは、英語版の完全かつ正確な記録及び帳簿を保管するものとする。

（2）ライセンシーは、（ライセンサーから）合理的期間の事前通知を得たうえで、ライセンサーの正当に授権された代表者がかかる記録及び帳簿を監査し得るようにするものとする。

語句チェック
① complete and accurate records and books　完全かつ正確な記録及び帳簿
② audit　監査
③ reasonable advance notice　合理的期間の事前通知

■ 解説

ソフトウェアライセンス契約ではライセンスフィーは一括払いが多いのですが、特許などのライセンス契約でライセンスフィーを出来高払いする場合に、ライセンシーの過少申告を防止するために、ライセンサーが上記のような監査権の規定を置くことが多くなっています。

本契約ではライセンスフィーが一括払いのため（過小申告が発生しないので）、ソフトの不正使用が記録・監査の対象となります。

個別の改変

条項

15. Custom Modifications

All custom modifications① to the Software shall be undertaken by Licensor at its then available time and materials charges②. For each custom modification, Licensee shall provide written requested specifications to Licensor, which shall be agreed upon prior to commencement of③ such custom modification works.

訳例

第15条　個別の改変

本ソフトウェアに対し個別に行われるすべての改変は、ライセンサーにより、その改変を行う時点の最新の時間・材料の請求金額表によって行うものとする。要求される各々の個別改変に対して、ライセンシーはライセンサーに対し、書面による仕様要求書を提供するものとする。当該仕様要求書は、当該個別改変作業の開始に先立ち、両当事者により合意されるものとする。

語句チェック

① custom modification　個別の改変
② then available time and materials charge　その時点における最新の時間・材料の請求金額
③ prior to commencement of ～　～の開始に先立ち

■ **解説**

本ソフトウェアへのカスタマイズ改変は、ライセンシーの要求により、ライセンサーが有償で行うことが規定されています。

改良

条項例1

16. Improvements

If Licensee has made an invention based on the Software, Licensor and Licensee shall jointly own ① such invention in proportion to the contribution ② made by each Party.

訳例

第16条　改良

　ライセンシーが本ソフトウェアに基づいて発明を行った場合、ライセンサー及びライセンシーは各当事者が行った貢献度の割合に比例して、当該発明を共同で所有するものとする。

条項例2

16. Improvements

Licensor and Licensee shall discuss and agree on ownership ③ of such invention.

第16条　改良

訳例

　ライセンサー及びライセンシーは、当該発明の帰属について、協議のうえ、合意するものとする。

語句チェック

① jointly own　共同で所有する
② in proportion to the contribution　貢献度の割合に比例して
③ ownership　帰属

■ 解説

許諾された技術（特許やノウハウなど）を使用して改良技術が生み出された場合に、知的財産権の帰属を決める規定です。条項例１では共有とし、条項例２では都度協議して決定するとしています。いずれにするべきかは会社の方針によります。

一般条項

条項

17. General Provisions

(1) Each Party agrees that this Agreement is the complete, exclusive and sole statement of the Agreement between the Parties, which supersedes and merges all prior proposals, understandings, commitments, discussions and all other agreements, whether oral or written, between the Parties relating to this Agreement. This Agreement may not be modified or altered except by a written instrument executed by the duly authorized representatives of both Parties.

(2) Dates or times by which either Party is required to make performance under this license shall be postponed automatically until an appropriate dates or times, in the event that such Party is prevented from performing them due to causes beyond its reasonable control.

(3) This Agreement and performance hereunder shall be governed by and construed under the laws of the State of California. This Agreement and communications, notices and documents relating to this Agreement shall be made in English. The Tokyo District Court shall have an exclusive jurisdiction over any disputes relating to this Agreement.

(4) If any provision of this Agreement is invalid under any applicable law, it is to that extent to be deemed omitted, and the remaining provisions shall remain in force.

(5) Without a prior written consent of Licensor, Licensee may not assign or sublicense its rights, duties or obligations under this Agreement to any third party, whether in whole or in part.

(6) The waiver or failure of Licensor to exercise any right specified herein shall not be deemed a waiver of any further right hereunder.

訳例

第17条　一般条項

（1）両当事者は、本契約が両当事者間において本契約の完全排他的かつ唯一の表明であり、口頭もしくは書面を問わず、本契約に関連し両当事者間でなされた、一切の事前の提案、理解、約束、議論及びその他一切の合意に優先し、かつそれらを吸収するものであることに合意する。本契約は、両当事者の正当な権限を有する代表者が締結した証書による場合を除き、修正もしくは変更できない。

（2）本ライセンスに基づき一方当事者が義務の履行を要求される日時は、当該一方当事者の合理的な管理を超える原因により履行が妨げられた場合（筆者注：いわゆる「不可抗力」である）には、その日時は自動的に適切な日時へ延期されるものとする。

（3）本契約及び本契約に基づく義務の履行はカリフォルニア州法に準拠し、それに従って解釈されるものとする。本契約ならびに本契約に関する交信、通知及び文書は、英語により行われる。東京地方裁判所が本契約に関する紛争の一切に対して専属的管轄権を有する。

（4）本契約の各条項が、適用法令または法規に基づき無効となる場合には、その範囲は省略されたものとみなされ、残りの条項は有効に存続する。

（5）ライセンサーの書面による事前同意なくして、ライセンシーは、本契約に基づく自らの権利もしくは義務を、全体的もしくは部分的を問わず、いかなる第三者にも譲渡もしくはサブライセンスすることはできない。

（6）本契約で規定されるいかなる権利をライセンサーが放棄するか、または履行を怠ることは、それ以降の本契約に基づく権利に対する放棄とはみなされない。

■ 解説

一般条項は、IT 業界の契約書ではこのように簡略化されることが多いです。（1）では「完全合意」「修正」、（2）では「不可抗力」、（3）では「準拠法」「通知」「言語」「裁判管轄」、（4）では「存続」、（5）では「譲渡」、（6）では「権利放棄」をそれぞれ規定しています。各条項の詳しい解説は第6章2項を参照してください。

後文・署名・添付書類

条文

IN WITNESS WHEREOF, the Parties hereto have caused this Agreement to be executed in duplicate by their duly authorized representatives.

LICENSOR:
Company: X Tech, Inc.
Address: California, U.S.A.

Signature: ________________
Name: Andrew Clark
Title: Chief Executive Officer
Date:

LICENSEE:
Company: Y Service K.K.
Address: Tokyo, Japan

Signature: ________________
Name: Takeshi Sayama
Title: Representative Director
Date:

Schedules :
Schedule A Description of the Software
Schedule B Description of Information Processing Centers

訳例

上記の証として、本契約当事者は、両当事者の正当な権限を有する代表者により本契約２通を締結せしめた。

ライセンサー	ライセンシー
会社：Xテク・インク	会社：Yサービス（株）
住所：米国カリフォルニア州	住所：日本国東京都
署名：＿＿＿＿＿＿＿＿＿＿	署名：＿＿＿＿＿＿＿＿＿＿
氏名：アンドリュー・クラーク	氏名：狭山武志
タイトル：最高経営責任者	タイトル：代表取締役
日付：	日付：

\- -

別表

別表A　本ソフトウェアの明細

別表B　情報プロセッシングセンターの明細

■ **解説**

後文、署名、添付書類についてはp.59の解説を参照してください。

レター・オブ・インテントを読む

Letters of Intent

1. レター・オブ・インテントの表題

契約交渉の最終合意にこぎつけるまでに、何度も交渉を行い、小さな合意を積み重ねていき、正式な契約書にはそれらを規定するわけですが、その前段階で基本合意を確認することが必要なケースがあります。その場合、レター・オブ・インテント（Letter of Intent）のような予備的合意書にそれを記載しておき、両者が確認できるようにしておきます。

Letter of Intent は「予備的合意書」あるいは「意向書」と訳されますが、「合意の覚書（Memorandum of Agreement）」や「議事録（Minutes of Meeting）」なども法的には同じ意味を持ちます。

以下の文書も同様の意味を持ちますが、表題からではなく、あくまで文書の内容でその法的効力を判断します。

法的拘束力の有無も表題によっては決定されず、文書の内容によって決まります。これについてはp.345の「レター・オブ・インテントの法的拘束力」の項を参照してください。

Letter of Understanding「覚書」

Memorandum of Intent「意向書」

Memorandum of Understanding (MOU)「覚書」

Agreement of Principle「基本合意書」

Heads of Agreement「基本合意書」

Comfort Letter「カムフォートレター」

Commitment Letter「コミットレター」

Binder「バインダー」

Protocol「プロトコール」

Instruction to Proceed「実行指示書」

2. レター・オブ・インテントが担う機能

レター・オブ・インテントの機能を以下に見ていきましょう。

(1) 安心

精神的な安心のために締結されることもあります。

(2) ミーティング議事録

ミーティングの議事録（メモ）として締結されることもあります。内容的に法的拘束力が認められるものがありますので注意が必要です。

(3) 事業計画の目論見書

事業計画の具体的な計画書として締結されることもあります。

(4) 公表（プレスリリース）

その趣旨の基本合意が成立したということを公表するために、締結されることもあります。

(5) 中間的契約

正式契約書の中間的な覚書として締結されることもあります。

(6) 投資の承認

投資の社内的な承認を得るために締結されることもあります。

(7) 本契約の補助的な契約

本契約の補助的な契約として締結されることもあります。

3. レター・オブ・インテントの法的拘束力

レター・オブ・インテントが法的拘束力を持つためには、第一に、記載が具体的であること、第二に、当事者が法的拘束力を持つことを意図していることが必要です。注意すべきは、通常、具体的な約束を書面で行った場合には、特別の事情がない限りは、当事者が法的拘束力を持つことを意図していると解釈される点です。

したがって、法的拘束力を持たせたくない場合は、当事者が法的拘束力を持つことを意図していないことを、書面上で明記しておく必要があります。これが not legally binding の記載になります（p.353 参照）。

4. 実際にレター・オブ・インテントを読む

(1) ケーススタディ

ここからは、実際のケースに見立てて、レター・オブ・インテントを読みます。

Case:6

日本法人の買主 X 社は米国法人の売主 Y 社から XYZ 社を買収する計画を立てています。正式契約を交渉・締結するためには長期間を要し、その間に競合他社に先に買収されてしまう可能性があります。そこで X

社としては早めにＹ社の合意を取っておきたいと考え、Ｙ社に対し、レター・オブ・インテントのドラフトを提示しました。

レター・オブ・インテント

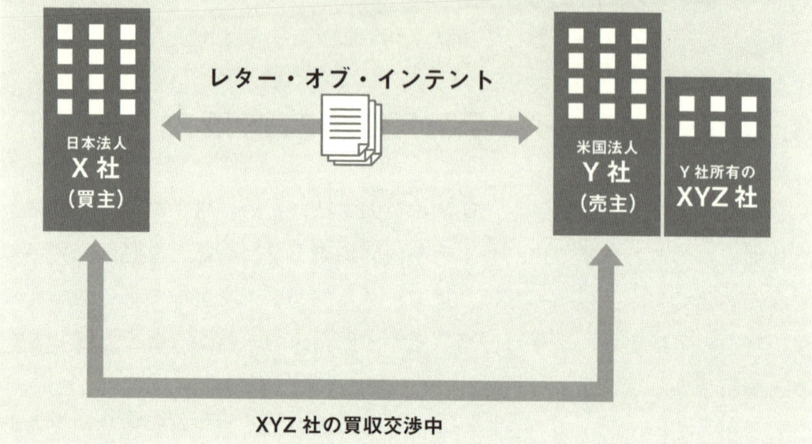

レター・オブ・インテント
日本法人
Ｘ社
（買主）
米国法人
Ｙ社
（売主）
Ｙ社所有の
XYZ社
XYZ社の買収交渉中

（2） レター・オブ・インテントの構成例

表題・頭書 (p.347)
第１条　価格 (p.347)
第２条　支払い条件 (p.348)
第３条　守秘義務 (p.349)
第４条　独占交渉権 (p.350)
第５条　有効期間 (p.351)
第６条　準拠法・裁判管轄 (p.351)
第７条　法的拘束力 (p.352)
後文・署名 (p.353)

(3) レター・オブ・インテントの条項を読む

英文及び日本語訳は一例です。使用の際は弁護士から法的アドバイスを受けてください。

表題・頭書

条項

LETTER OF INTENT

This Letter of Intent is made as of May 11, 2009 by and between X, Inc. ("Buyer") and Y, Ltd. ("Seller") in respect of Buyer's possible acquisition ① of all the issued and outstanding shares ② of XYZ Corporation ("XYZ") held by Seller.

訳例

レター・オブ・インテント（予備的合意書）

本書は、2009年5月11日付けで、X社（以下、「買主」という）が予定しているY社（以下、「売主」という）の保有するXYZコーポレーション（以下、「XYZ」という）の全発行済株式の取得に関して、買主と売主との間で締結された。

語句チェック

① possible acquisition　予定している取得

② issued and outstanding share　発行済株式

価格

条項

1. Seller shall sell all the issued and outstanding shares of XYZ at the price of US$20,000,000.00, subject to the condition that① Buyer shall have completed their legal, business, and accounting due diligence② of XYZ.

訳例

第1条　売主は、買主によるXYZの法的な、事業上の、及び会計上のデューディリジェンスの完了を条件として、XYZの全発行済株式を20,000,000.-米ドルで売却する。

語句チェック

① subject to the condition that ...　～を条件として
② due diligence　デューディリジェンス
※ここでは買収対象企業を対象に行われる法的・財務的監査のこと。

■ 解説

売主は買主によるXYZ社のデューディリジェンスの完了を条件に、XYZ社の全株式を2000万米ドルで売却すると規定しています。この売買価格は最終的な合意までに、デューディリジェンスの結果によっては隠れた負債が発見され、その分減額されるなど、調整される可能性はあります。

支払い条件

条項

2. The consideration① to be paid by Buyer to Seller shall be as follows: (i) the sum equivalent to 60% of the purchase price is to be paid upon the Closing Date② and (ii) the remaining 40% is to be held in an interest bearing account③ for one year in order to secure④ Buyer against any loss and/or damage.

訳例

第２条　買主が売主に支払う対価は以下のとおりとする。(i) 購入価格の60%相当の金額はクロージング日に支払われるものとし、(ii) 残りの40%は、買主を損失もしくは損害から保証するために、１年間、利子付き口座に預けられるものとする。

語句チェック

① consideration　対価
② closing date　クロージング日
※ closing は取引や契約の「実施、実行、履行」を指す。
③ interest bearing account　利子付き口座
④ secure　保証する

■ 解説

支払い条件を規定しています。対価を買収実行日（クロージング日）に6割、残り4割を1年後に支払うと規定しています。

これはなぜかというと、買収された会社が隠れた負債を持っていることが後々から出てくるケースが多いためです。そこで、4割を預り金のような形で保管し、価格の調整があればそこから払うという規定をすることで損失を保証しています。

守秘義務

条項

3. Any information related to the performance of this Letter of Intent shall be kept and maintained strictly confidential① and shall not be disclosed to any third party without the prior written consent of the other party.

訳例

第３条　本合意の履行に関するいずれの情報も極秘に保持され、他方当事者の文書による事前の同意なしに、いかなる第三者にも開示してはならない。

語句チェック
① strictly confidential　極秘の

■ **解説**

守秘義務を規定しています。

独占交渉権

条項

4. During the term of this Letter of Intent, Seller shall not have any discussions with anyone other than Buyer concerning the sale of any shares of XYZ.

訳例

第４条　本書の有効期間中、売主はXYZ株式の売却に関して買主以外のいかなる第三者とも協議を行ってはならない。

■ **解説**

レター・オブ・インテントの有効期間中（期間は第５条で規定）に、売主は買主以外の第三者と交渉してはいけないとあります。つまりこれは「独占交渉権」の条項です。

皆さんご存じのように、日本の都銀大手A行の買収では、この種の覚書がA行とB行の間で交わされたにもかかわらず、最終的にA行はC行と合併したわけです。裁判になり、A行側の契約違反という和解合意がなされ、A行は億単位の損害賠償額を支払ったと聞いています。

つまり、独占交渉権については、ここに規定した場合、それが侵害されると損害賠償の対象になる可能性があるということです。

有効期間

条項

5. This Letter of Intent shall become effective ① from the date of this Letter of Intent and shall be valid ② for the period of three (3) months.

訳例

第5条　本書は冒頭記載日から効力を生じ、3ヵ月間有効とする。

語句チェック
① become effective　発効する
② valid　有効な

■ 解説

レター・オブ・インテントの有効期間は効力発生日から3ヵ月間と規定されています。

準拠法・裁判管轄

条項

6. This Letter of Intent shall be governed ① by and interpreted ② in accordance with the laws of Japan. Any disputes ③ arising out of this Letter of Intent shall be resolved ④ exclusively ⑤ in the Tokyo District Court.

訳例

第6条　本書は日本法に準拠し、日本法に基づいて解釈されるものとする。本書から生じるいかなる紛争も東京地方裁判所を専属裁判管轄として解決されるものとする。

語句チェック
① govern　基準となる
② interpret 解釈する
③ dispute　紛争
④ resolve　解決する
⑤ exclusively　専ら

■ 解説

準拠法は日本法に基づくと規定しています。第２章の５項（p.36）でご説明したように、契約の成立には当事者間にconsideration（約因）が存在することが必要ですが、ここでは日本法が準拠法になっているため、considerationは不要です。

しかし、ニューヨーク州法など英米法系の法律が準拠法になっている場合にはconsiderationが必要です。英米法系の法律が準拠法になっている場合には、通常、第４条のように「独占交渉権」をもらう場合、オプション料を払います。この支払いがないということは、交渉権としては弱いのではないかと思います。

ただし、売主にもメリットがあった、つまり、優良な買主と交渉できるというオプション権を買ったという位置付けであれば、対価関係が存在すると考えることもできます。

法的拘束力

条項

7. This Letter of Intent is not legally binding① except the Sections 2, 3, 4, 5, 6 and 7.

訳例

第７条　本書は、第２条、第３条、第４条、第５条、第６条及び第７条を除き、法的拘束力を有しないものとする。

語句チェック
① be not legally binding　法的に拘束しない

■ **解説**

これが一番重要かもしれませんが、This Letter of Intent is not legally binding（本書は法的拘束力を有しない）と規定しています。ただし、except the Sections 2, 3, 4, 5, 6 and 7（第2条、第3条、第4条、第5条、第6条及び第7条を除き）となっています。

つまり、第1条の「価格」以外は法的拘束力を持つということです。

ですから、この文書全体に法的拘束力を持たせたくないのであれば、not legally binding という文言はそのままに、except 以下を除きます。

最近は、not legally binding を入れて法的拘束力をなくし、契約書を骨抜きにしてしまうと、契約締結の意思自体を疑われてしまうという傾向があります。そのため、コミットしていける部分は積極的にコミットしていくという傾向が強まっています。

後文・署名

条項

IN WITNESS WHEREOF, the duly authorized representatives of the parties have caused this Letter of Intent to be executed in duplicate as of the date first above written.

(Buyer)	(Seller)
X, Inc.	Y, Ltd.
By:[Signature]	By:[Signature]
Name: Nobuo Hatada	Name: Thomas Brown
Title: President	Title: President

訳例

上記の証として、正当な権限を有する両当事者の代表者は冒頭に記載された日付に本書２通を締結した。

（買主）	（売主）
X 社	Y 社
署名 ________________	署名 ________________
氏名：旗田信夫	氏名：トーマス・ブラウン
肩書：社長	肩書：社長

■ 解説

後文、署名についての解説は p.59 を参照してください。

資料

Reference Materials

POWER OF ATTORNEY

TO WHOM IT MAY CONCERN:

Dear Sir or Madam:

I, President and Chief Executive Officer of XYZ Corporation, hereby appoint Mr. Taro Yamada, as my Attorney-in-Fact ("Agent").

This Power of Attorney shall authorize my Agent to manage and conduct all of my affairs and to exercise all of my legal rights and powers, including with limitations, the power to negotiate and/or enter into binding contracts on my behalf.

This Power of Attorney shall become effective immediately and shall be valid for fourteen (14) days after the date specified below.

Dated ____________________, 2009 at ______________________, ___
______________________.

Truly yours,

[Signature] ____________________________
Shiro Suzuki
President and Chief Executive Officer of XYZ Corporation

Acknowledgement:

STATE OF ________________________
COUNTY OF ______________________
SEAL

The foregoing instrument was acknowledged before me this _____ day of ____________________, 2009 by Taro Yamada, who is personally known to me or who has produced his passport as identification.

委任状

関係者各位

拝啓

XYZ 社社長兼最高経営責任者である私は、ここに山田太郎を代理人（以下「代理人」という）と定めます。

本委任状をもって、代理人に私の職務のすべてを管理及び処理する権限、ならびに私が持つすべての法的権利及び権限を行使する権限を委任いたします。かかる権限は、私の代理として交渉する権限もしくは拘束力のある契約を結ぶ権限を含み、これに限定されます。

本委任状は直ちに効力を発生し、下記に記載された日付から 14 日間有効とします。

2009 年　　　月　　　　日
発効地：

敬具

[署名]＿＿＿＿＿＿＿＿＿＿＿＿＿＿＿
鈴木四郎
XYZ 社　社長兼最高経営責任者

認証【公証人による公証欄】

＿＿＿＿＿州
＿＿＿＿＿郡
証印

山田太郎は本公証人が個人として知り得た人物であり、本人の旅券を身分証明書として差し出した人物である。よって、上記委任状は本日 2009 年＿＿月＿＿日に本公証人によって認証された。

英文INDEX

E

F

G

H

I

J

K

L

P

Q

R

和文INDEX

さ

し

た

ち

つ

て

■著　　者　牧野和夫（まきの・かずお）
現在、弁護士・米国ミシガン州弁護士・弁理士（芝綜合法律事務所）。大宮法科大学院大学教授、英国国立ウェールズ大学経営大学院（MBA）教授、早稲田大学大学院（国際情報通信研究科）兼任講師。1981年早稲田大学法学部卒。1989年GM Engineering & Management Institute 経営管理プログラム修了。1991年米ジョージタウン大学法学修士号。1992年米国ミシガン州弁護士登録。2006年弁護士・弁理士登録。いすゞ自動車（株）法務部・課長・審議役、アップルコンピュータ（株）法務部長、（株）知的財産総合研究所客員研究員、米テンプル大学ロースクール客員教授、国士舘大学法学部教授、尚美学園大学大学院客員教授、東京理科大学専門職大学院客員教授、関西学院大学ビジネススクール兼任講師、内閣司法制度改革推進本部法曹養成検討会委員を歴任。

主要著書
『ネットビジネスの法律知識』（日本経済新聞出版社、2001年）
『遺伝子ビジネスの特許戦略』（編著、中央経済社、2002年）
『国際取引法と契約実務』（共著、中央経済社、2003年）
『法律英語入門』（プロスパー企画、2004年）
『入門アメリカ法制度と訴訟実務』（監訳、LexisNexis 雄松堂出版、2007年）
『イギリス知的財産法』（監訳、LexisNexis 雄松堂出版、2007年）
『ビジネス・法律英語の基礎知識』（税務経理協会、2008年）
『アメリカ著作権法』（監訳、LexisNexis 雄松堂出版、2008年）他多数

著者ホームページ
http://www.extention.jp/intellectual_makino.html

■編集協力　美研プリンティング株式会社
■装　　丁　渡邊民人（TYPEFACE）
■レイアウト　百々菜摘（TYPEFACE）

知識（ちしき）ゼロから取引交渉（とりひきこうしょう）のプロを目指（めざ）す
英文契約書（えいぶんけいやくしょ）の基礎（きそ）と実務（じつむ）

2009年4月26日　第1刷

著　者　牧野和夫
発行者　吉田嘉明
発行所　株式会社DHC
〒106-0041　東京都港区麻布台1-5-7
03-3585-1451（営業）
03-3585-1581（編集）
03-5572-7752（FAX）
振替　00160-6-716500
印刷所　株式会社ルナテック

ISBN978-4-88724-482-5 C0082